精神科医・モタ先生の
心が晴れる言葉

人生不是一夜干

齋藤茂太——著
郭清華——譯

獲得幸福與成就、
解決困境與煩惱，
都不是一蹴可幾的事，

需要累積微小改變、
耐心等候。

U0048302

【序】

就像沒有不會停止的雨，
人生中的「雨季」終有結束之時。
這是絕對可以相信的。
因為雨後，
驕陽必會從雲縫中露出臉來。

人處於困厄的茫茫然之時，會因為心慌、看不到前方的路，而更加不知如何是好。

某位經營者曾經在電視上說了以下這段話：

「景氣好的時候，總以為景氣會一直好下去，但事實上好景氣是會結束的。同樣的，景氣不好的時候，人也會沮喪地以為景氣會一直壞下去。然而壞景氣必定也會有結束之時。」

我對這位經營者說的話深有同感。回顧歷史，世界上的種種趨勢若有蓬勃發展之時，自然也會有衰微沒落的一刻。

我們的人生中最重要的事，就是停止去想「困厄無終結之時」，那會讓自己陷入過度沮喪的狀況。

困厄終有結束之時，有朝一日必有轉機。這是我們必須相信的事。

第二次世界大戰結束後，我的醫院因為戰火之災而需要重建，對經營者的我而言，那是一個特別困難的時期。當時我想向母親尋求幫助。母親因為掌控著父親的版稅收入，經濟條件穩定，既然我們是母子，我想像她必定二話不說就會出手相助，說不定還會無條件就給我錢。

然而，沒有想到母親卻要求我簽訂合約，按照銀行的模式，以正式的手續進行金錢借貸，並支付利息。

我無奈地接受了母親的要求。之後，在重建、經營醫院之餘，還要為了償還向母親的借貸，我的日子過得相當拮据。老實說，那時我對母親心生不滿，認為她對兒子太過苛刻了。

但今日看來，我卻認為那是一次非常重要的寶貴經驗。正因為有那一次的嚴厲考驗，我覺得自己才能成為了一個合格的醫院經營者。

總之，我認為當我們感到痛苦、辛苦的所有時候，其實就像是「人生的雨季」。

下雨的日子總讓人情緒低落，尤其在梅雨季節裡，更容易讓人心煩意亂，而在東南亞那些地方的梅雨季節，有時還長達數月，讓人感到煎熬。但不管如何，我們都不該有「沒有下雨才好」的想法。

因為對於包括人類在內的所有生物而言，「雨」都是生存與繼續成長中不可缺少的事物。

而且，因為我們也都知道，雨季總有結束的時候，那時陽光就會從雲縫中露出臉來。

只要稍微改變一下面對困厄時的態度，我們的心也會不可思議地變得積極向前看。

從此刻開始，我願以我的人生體驗，和做為一個醫生的經驗，繼續闡述對於人生的種種觀點，若其中能有一、二幫助讀者轉念，讓讀者的心情開朗起來，將是我最大的榮幸，我也深切期盼本書能達到這樣的目的。

目錄 CONTENTS

2 留點時間解決煩惱

讓你更喜歡自己的方法

5 如果依舊陷入瓶頸

6 養成讓心放晴的習慣

7 讓心放晴的暖心小語

chapter 1

在困厄的前方 等待著我們的事

在困厄中，
更能看到真正重要的東西。

處於痛苦的狀況時，人的心情也會跌到谷底。

但我覺得人的心情如果能夠走到谷底，其實不見得是壞事。或許有人會很意外我竟然有這種想法。

其實我認為，人在煩惱的時候，很不容易找到解決事情的方法。有時就算找到了，卻往往不是自己想要的發展。

「這樣做的話，就會變成那樣，我不要。我不想用那個方法，覺得這個方法也不適合我。我到底要怎麼做才好呢？」這樣的苦惱讓人無法動彈，於是心情越發低落，陷入更深的困厄之中。

然而，當各種路被阻斷、封鎖時，才會有一條路被看到。

而且那才是一條自己真正應該要走的路。

就如同當你在面對必須放棄所有東西時，會發現有個東西是無論如何也放棄不了的，那才是你人生中真正重要的東西。

有些事情是在擁有很多東西時不會明白的。
只有在失去那些東西時，才會恍然明白自己真正需要的是什麼。
能夠明白這一點的人很厲害。

知道緊緊握住自己真正重要的東西而生活著的人，人生就不會有太多的迷惘。因為能在迷惑之後把握住自己，擁有充實感受。所以在下一次面臨迷惘時，能夠很快知道自己該做什麼選擇了。

相反地，總是無端自尋煩惱，欺騙自己的人，不管到了什麼時候都搞不清楚自己真正想要的東西，無法得到真實的感覺。

不過，不管怎麼說，如果你把自己關在屋子裡煩惱，什麼事也不做的話，是很難得到結果的。試著行動起來，去進行「這樣做行不通」、「那樣做也行不通」的錯誤嘗試，其實對你很重要。

到現在為止，你的人生中一定有過不知如何是好的煩惱時期吧？

如果你現在正處於那樣的時期，或者覺得早晚會遇到那樣的時期，那麼，你的機會來了，請盡情地讓自己煩惱吧！

因為感到煩惱痛苦的時候，就是發現自己的人生在追求什麼的最好時機。

煩惱，是因為你誠實面對，
完全無須因此否定自己。

陷入困境中的你，一定心想著該如何是好？

我認為答案很簡單。你只要改變以前的行事方法，或者改變自己，就會發現慢慢擺脫困境。

不過，這話說來容易，實行起來可就沒有那麼簡單了。

首先，你必須先否定你所相信的以前的生活方式。這是很痛苦的事情，因為這會造成認同感的危機。因為別人勸你「何不試著這樣做」時，大多數的時候你是很難接受別人建議的方法。例如：

「你和那個人處不好的原因，是你看起來太冷漠了，何不稍微改變一下自己，讓自己看起來更親切一點？」

你被別人這樣勸告了。但是，一直以來你就不喜歡隨聲附和，也不是會拍馬屁的人，你總是抱持著自己的正直與信念而活。雖然你對別人的勸說也覺得「原來如此呀」，但隔天你就能變成會隨聲附和的人了嗎？

我不那麼認為。

至少我相信我本人不是那麼輕易就會改變自己的行事作為的人。我認為遵守自己的行事作為生活，即使在遇到必須改變的痛苦時，仍然願意堅持痛苦到底的人，是可靠而值得信賴的人。還有，這樣的人在改變的時候，必定是真正的改變，而不是在虛應。

總之，你正在煩惱的事，其實就是你之所以真誠地做為自己而活的證據。這也證明你是謹守自己的信條，貫徹自己的信念而生活著的人。所以，請你要有自信。

你完全沒有必要否定一直以來的自己。如能在認同一直以來的自己的基礎上，再逐步一點點地做改變，或許就可以了。不過，儘管只是逐步地一點點做改變，其過程也是辛苦的，並且會有許多煩惱。說起來這就像生產時的疼痛；生孩子沒有不痛的。但痛苦、煩惱之後，一定會有一個新的自己。

遇到困境時，盡情迎接煩惱吧！那是打造出全新自己的好機會。

你當然有做不到的事情，
但別忘了，
你也能辦到許多事。

人，只要活著，就必須不斷地吸收、學習新的事物。小學畢業了，就進中學學習；中學畢業了，接著來的就是高中的學習。而離開學校後，必須面對的是工作上的學習。好不容易學會了工作上的事情，做為前輩的你，這次又有必須負起照顧後輩的責任。

如果人能夠只做自己擅長的事就好了，但人生不是那麼輕鬆的事。人生不是想怎麼樣就可以怎麼樣的，反而經常處於想要那樣做，卻偏偏不能那麼做的狀態。

於是，人便陷入進退維谷的處境了。

很多人會在這種時候失去自信心。但是，請好好想一想，不論是誰，在開始面對新的事物時，在那個新領域裡，都會和剛入小學的一年級新生一樣，什麼也不知道。

就如同，你認為自己在某個領域已經努力了二十幾年，但初到一個完全不同領域的公司，也會是公司裡什麼都不清楚的新鮮人。在這種情況下，就算面對上司嚴厲的態度，以及很多事不能如自己所想的進行，也都是理所當然的。

再以慢跑來舉例。因為之前可以輕鬆地跑完五公里了，於是魯莽地把慢跑的距離一下子延長為十公里，結果卻讓自己精疲力竭，進退兩難。

但其實，這並不是因為你的實力不如從前了。現在讓你跑五公里，你還是有輕鬆跑完五公里的實力。雖然說延長為十公里的慢跑讓你痛苦不堪，但你也無須因此感到沮喪。

所以，當你感到困窘，覺得進退兩難而心煩氣躁時，何不試著退回到能讓自己如魚得水的地方呢？試著去做自己輕鬆能夠完成的事情，你一定就會發現你並沒有失去努力至今培養出來的實力。

遭遇到面對自己做不到的事情而心灰意冷時，不妨先去做自己做得到的事，把信心尋回來再說。我很希望你也能活用這個技巧。

拿出勇氣正面對決，
就會明白煩惱沒有想像的大。

你應該有過這樣的經驗：當你要經過有狗的地方時，想到狗的狂吠叫聲，就覺得很不舒服。結果，等你經過狗的旁邊時，果然就被狗的狂吠聲嚇得心驚膽跳。但你可知道，當你對狗的吠叫聲感到恐懼時，其實狗也嗅到了那個氣氛才會對你狂吠。

害怕狗的人自然會盡量想要避開遇到狗的機會。但即使如此，還是會有無論如何也避不開的時候。這時人就必須冷靜下來，好好地思考如何應對了。而這時候你要做的，就是別害怕，正面去面對吧！你會發現一這麼做，竟然狗也不叫了。

不只對狗如此，面對人生種種不幸時的應對之道也一樣，就是正面去面對。遇到討厭的事情、麻煩的事情、不和諧的人際關係、工作上的障礙時，克服這些阻礙的要訣，不外乎就是「不要背對」這些阻礙。

就像狗會在你的背後追你一樣，當你越是「背對」不幸，不幸便越會追著你跑，讓你的心無法平靜。

當然，你在當下也會有種「為什麼會遇到這種事」的憤怒情緒。但其實，這種情緒有其存在的必要性，因為根據實驗顯示，憤怒的情緒可以產生暫時對抗壓力的作用。

不過，憤怒的情緒以存在五天為限，如果一直處在憤怒的情緒中，反而會降低對抗壓力的抵抗力。所以說，生氣的時候不妨盡情地生氣，但要很快地忘記生氣這件事。

不管是憤怒還是悲傷，為了對付這些負面的情緒，就要正視帶來這些負面情緒的原因。可以說這就是克服危機的最佳手段。只要正面面對，就會發現危機其實沒有我們所想的那麼大。

不要在意眼前的不幸，
幸福遲早會降臨。

深陷苦惱中的你，悲觀地以為苦惱的狀態會一直持續下去。但是，人通常都不可能一直處於苦惱之中。

事實上，你也不可能一直處於無法整理情緒的煩躁，以及坐立不安的情況；總是一出現什麼樣的契機，眼前的世界就會令人無法置信地突然變得開朗。畢竟煩惱也是一件要花體力與時間的事。也就是說，陷入煩惱的人，其實是有體力的人，也是有時間的人。所以對於這樣的人來說，只要有時間，煩惱再多也不算什麼嚴重的事。

人生中有負面的因素，也有正面的因素。而「煩惱」，正是為了消化負面的因素而存在的。

沒有煩惱而且精力充沛的人，卻生了大病；經常為了諸事煩心的人，卻意外地沒有病痛。總的來說，處理人生負面因素的方法，有用心思去處理的，也有用體力去處理的，這兩種方法自然是不一樣的。

舉例來說：假設你有十個負面因素。其中有五個是要絞盡腦汁處理的，剩下的五個則是以感冒或者別的什麼方法去解決的。又或許，你完全不煩惱，全部用身體的力量去解決那十個負面因素而生病了。抑或者，你將這十個負面因素全部放在心裡煩惱，痛苦地消化掉煩惱，而不會表現在身體上。

所以就像這樣的，解決負面因素的方法是因人而異的。

此外，解決負面因素的能力，也是有個別差異的。

有些人的能力只能承受十個負面因素，有些人可以忍受二十個負面因素，而有些人卻最多只能解決五個負面因素。

我們的心也是有容量的。若我們的心的容量只能容忍十分的負擔，那麼，一旦出現超過這個容忍量的負擔時，我們的心就會生病了。

如此說來，我們是否可以認為：會煩惱的人，其實就是有能力去煩惱的人呢？

也就是說，我們的心的容忍量其實是很有彈性的。所謂對負面因素的容忍量大，也意味著對正面因素的容忍量，也是相對地大。

感受悲傷、痛苦的能力越強，對喜悅與快樂的感受也會加倍優於他人。

不幸與煩惱能夠鍛鍊人的心志。心裡有負擔時，一定是為了期待更大幸福的來臨。所以，把心裡有負擔的時間，視為鍛鍊、增加心的容忍量的時期吧！

不幸福的只是現在，幸福一定會在未來的某一個時刻降臨，那時就是終結煩惱的時候。

儘管現在是痛苦的，但幸福遲早會來臨。請一定要記住這一點。

只要這樣想，我們應該就會變得積極向前了。

被踐踏、打擊
而仍然堅持活下去的，
才是充實的人生。

那已經是很久以前的事了。那時我最小的兒子還在讀小學時，有人給了他一株洋玉蘭的樹苗。

我把那株樹苗種在位於箱根的某一間山中小屋附近。

每年春天時，我都會去那間山中小屋附近，看看那株洋玉蘭這一年的生長情形，期待看到它的成長。可是，結果往往與我的期待相反，每次我去看它時，前一年新生長出來的枝，總因為冬季的雪而折斷了。不過，那株洋玉蘭不畏逆境，儘管每年生長的新枝總被雪壓折而斷裂，卻還是每年長出新枝。洋玉蘭在如此反覆的挫折中，還是一點點地成長了，經過十幾年的時間，終於也成長成和我的身高差不多的小樹。

每次我到訪箱根這個地方，就像來看自己孩子成長的父母，期待看到雖然成長的樣貌微乎其微，但那株洋玉蘭樹確確實實地在成長中。

人也一樣，像這株一再被折斷的洋玉蘭般，即使挫折不斷，也不會停止成長。

不僅如此，我還覺得比起過著平穩日子的人生，那曾經被踐踏、打擊而仍然堅持活下去的，才是充實的人生。

還有，我並不想說什麼「有苦才有樂」之類的老話，我只是希望大家知道：人生當中必定會有幾次痛苦的時候。

chapter 2

留點時間解決煩惱

要記住：
解決問題是必須花時間的。

人，不管是在工作上還是在生活上，都會面臨種種困難。

或許你有時會陷入這種想法：「再也無法再待在這家公司工作了。這是無論何時都擺脫不了的困境了。絕對不可能修復這樣的人際關係了。」

當有了這樣的想法，認為自己無法再向前進時，大部分的人都會有「我已經不行了」的感覺，於是陷入無力感當中。

然而，不管是什麼事情，都不是可以隨自己心意進行的，所以理所當然的都會遇到困難。而遇到困難時努力地掙扎前進，人才能成長。

有時雖然努力掙扎前進、盡力去做之後，仍然得不到自己所希望的成果，但卻能得到寶貴的經驗。這個寶貴的經驗將在日後成為你的助力。

所以，希望你不要因為挫折而過度苦惱。我認為人只要自己覺得已經盡了全力，不管結果如何，心中都要存著自己值得誇獎的想法。

還有，解決事情是需要花時間來處理的。請清楚地記住這一點，這絕對是有利無害的事。舉例來說，你和某人吵架了，現在你想和他和好，但切記不可冒然就前去要求和解，要等對方的心情平靜下來了再說。因為在對方的心情平靜下來之前，不管你怎麼道歉，如何想方設法地取悅對方，都是在做白工，無法修護彼此的關係。所以你必須等對方心情平靜後再說。

我認為工作的場合也是如此。今天才制定計劃，就希望明天能開花結果，獲得利益，這是不可能的。因為建立一個計劃通常要花好幾年的時間來準備、執行，取得成果的時間或許是在三年後，也或許是五年後。會影響公司命運的事業，通常是要花相當多的時間去準備與執行的。在取得成果之前，我們能夠做的事情就是努力做好與耐心地等待。

但如今在這個重視速度的商業社會裡，所有的問題都被要求迅速解決。

置身於這樣世界的人在看到周圍的人取得成果時，就會忍不住覺得沒有得到成果的自己太無能，因此產生了沮喪、失落的情緒。

然而往往被忽略的是，那些得到成功的人在還沒有獲得成果前，其實也有很長一段時間是在等待結果，只是沒有人知道而已。

這世界上原本就有許多必須花時間才能解決的問題，如果無法等待，就不能解決問題。

快速解決問題固然重要，但耐心「等待」也非常重要。

能「快速」解決問題，也能耐心「等待」直到問題獲得解決的人，是能在人生中掌握幸福的人。

心累的時候更需要淡定、
悠閒和豁達。

現代社會是非常繁忙的，新的信息一個又一個地出來，於是人們不得不追著新信息跑，但另一方面，人們又被時間追著跑。

我很希望能過著不用焦急的悠閒生活。雖說如此，但我也知道要求年輕、努力工作的人們過著不急躁的悠閒生活，是一種過度的苛求。

所以，我希望至少在心靈覺得疲憊的時候，能夠不急躁地放鬆一下自己。

心靈容易疲憊的人通常非常認真，善於理解別人的意思，而且有著比別人更強烈的反省意識。然而，這就是讓心靈感到疲憊的原因。這樣的人務必找一個能夠傾聽你說話的人，讓你細細地說出心裡的話，並且你也要充分地休養自己。如果能夠做到這樣，就沒有問題了。

然而，對於在企業上班的人來說，會覺得如果自己只是因為心靈生病而休養幾個月，那麼一定會造成企業與家庭，甚至是自己個人的困擾吧？尤其是在看不慣悠閒度日的商業社會裡。明明你是因病在休養，但周圍人的想法卻是「你不可以這樣游手好閒」呀！

一旦聽到這樣的指責與擔心的聲音，原本就非常認真的你，自然會生出「這樣下去會被淘汰」的擔憂。於是，你在心靈明明還沒有痊癒的情況下，卻承諾「下個星期就會回來上班」。這樣的結果就是讓自己的情況越來越糟糕。其實，這時候你應該完全放下工作與學習，平靜地等待自己恢復到健康的狀態。

即使只是一點點的心理生病或一點小傷，當然也是同樣地要等到自己恢復成健康的狀態，再回到工作的崗位。比起陷入你追我趕的焦躁，變得不安與煩惱，能夠從各種束縛中獲得解脫，過著悠閒的日子，絕對對心靈的健康更有助益。這是很容易想像得到的事吧？

雖然生活在快速轉動的世界中，但你不妨想著未來多少還是能抓到一些時間，所以此時要適時地讓自己享受一段心靈平靜而悠閒的休息時間。

「暫時放下」
是解決問題的捷徑。

有時我們也會遇到處處碰壁，做什麼事都不順利的時候。那樣的時候，再怎麼著急、焦慮，也改變不了眼前的狀況。人在不順利的時候，總是什麼事都做不好，越掙扎越覺得被壓力壓得透不過氣，終於迷失了自己。

舉例來說，你也有以下的經驗吧？

突然找不到錢包了。明明應該已經放進皮包裡了，卻怎麼找也找不到。翻遍了皮包找不到，也不在上衣或長褲的口袋裡。拉開一個個的抽屜找，一樣找不到，趴到桌子下面找，也找不到那個錢包。

東翻西找的動作驚動了周圍的人，卻被周圍的人說「錢包就在那裡呀」。仔細一看，果然錢包就在桌上文件的下面。

就這樣，人在慌亂、著急的時候，就會看不清楚眼前的狀況。心情緊張的時候，再怎麼用力思考，也想不出解決問題的方法。

這種時候就應該暫時放下讓自己焦急的事，給自己一點時間，讓自己冷靜下來，必定會有好的主意浮上心頭。

或許有人會認為「暫時放下」不是有效率的行為，但從結果來看時，就會發現「暫時放下」往往是解決問題的一條捷徑。

嘗試做些和
平常不一樣的事：
放鬆心情，
不必想太多。

令人意外的是，現在「視工作為生存價值」的人，似乎比我們想像中的多。

這種人在工作順利的時候，遇到辛苦、煩惱的事時，「工作」往往成為他們的避風港。但是，萬一工作上出現了讓他們感到辛苦與煩心的事時，工作就不僅不是可以逃避的避風港，反而是痛苦的根源了。在無處可以逃避的情況下，有些人因此陷入憂鬱的狀態之中。

我會勸這樣的人「培養一些愛好」。我不敢保證有愛好的人就一定不會憂鬱，但我敢說在萬一的時候，有「愛好」的人比較能夠忍耐心靈上的痛苦。

做為醫生的我之所以會寫文章，是因為昭和二十八年（西元一九五三年）父親去世，某個雜誌希望我為父親寫一篇送葬的文章。

當我開始寫以後，我發現對我而言再也沒有比「寫作」更能讓我轉換心情的方法了。一想到要寫什麼，就會想從各種觀點去深入探討事情與人物。另外，我也因為寫作這件事，第一次知道了很多事情。更讓我意想不到的是，我在寫作時的思考，和我在進行診療病人或做其他事情時的思考，是不一樣的。恐怕不只寫作時如此，在畫圖、下圍棋、下象棋、做家事時也一樣，都是以各種不同的思考模式在進行的吧？做不同的事情時，頭腦會有不同的活動方式。

我原本就對許多事情感到有興趣，經常做著不一樣的事情，甚至自稱是「變色龍」，來來回回地在各種路徑上閒逛。

雖然很多時候我也會步入歧途，但我通常以此為樂。我的人生步伐速度儘管因此緩慢下來了，卻也因此可以過著比較輕鬆的生活。

再說，也不知為什麼，在那樣的生活下，工作也變得順遂起來了。

雖然說我們都要有耐心地「等待」，但也不要把「等待」想得太嚴重。這種程度的「等待」算不上什麼。只是稍微停下腳步、等待一下，就能讓心靈寬裕，獲得休養。

現在或許是需要長時間
「發酵」的時候。

說到學生時代的考試，很多人都會想起熬夜苦讀抱佛腳的事吧？和同學考前猜題，利用諧音背誦。但是使用這些方法學習到的東西，總是在考完試後就忘得一乾二淨。既然是臨時抱佛腳的學習，自然很容易就會從腦子裡消失，這也是無可奈何的事。

另外，不夠靈巧、學習的效率不是很好的人，有時反而能夠嶄露頭角。因為不夠靈巧，學習效率不佳，因此會更加勤奮地踏踏實實努力，也能打下堅固的基礎，不斷累積新的學習成果，並且一一地吸收那些知識。

人生不是茄子、小黃瓜或一夜干，不是醃漬、風乾一晚就可以有所成就。要有成就，就必需要花上一段時間。我了解人都想要快點得到成果的心情，但是，想要有好的結果，就不能太心急。不要著急，這是很重要的。

明明只要慢慢地花時間學習，就可以技藝上身了，卻因為心急，希望能快點得到成果，結果反而對學習感到厭煩，而放棄學習。

知道高級的紅酒與日本酒是怎麼釀製出來的嗎？為了釀製出味道醇厚的酒，就必須花時間進行很長的「發酵」作業。人也是如此。

人生無須焦急。當你在意周圍人的速度時，不妨把自己想成正處於發酵的時期。這樣想的話，你的心就能放輕鬆，自然而然就能掌握到該掌握的東西。

等待的時間越長，
苦盡甘來的喜悅就越大。

受歡迎的餐廳門前總是有人在排隊。這是因為「無論等待多少個小時，都想吃那家餐廳料理」的人很多的關係吧？「即使等那麼久，也想吃嗎？」或許有人會有這樣的疑問。但是，這個問題的答案恐怕是「即使要等那麼久，還是想吃」。

那麼餐廳的食物毫無疑問應該是好吃的。不過，這裡也存在著「等了越久，就越覺得好吃」的心理因素吧？

因為「等了那麼久」的心情，會把「啊！真的很好吃」的滿足感升高。等一個小時的話，就是凝聚了一個小時「啊！真的很好吃」的心情，兩個小時的話，就是凝聚了兩個小時的心情。

「等待」未必是一件痛苦的事情，很多時候等待會帶來極大的喜悅。正因為有辛苦忍耐的等待，所以獲得了更大的喜悅做為回報。

或許可以說：等待這件事的本身，就是為了擴大喜悅而存在的。

等待的時間越長，苦盡甘來的喜悅就越大。

所以，現在正在煩惱的人呀，請再稍微忍耐，等待一下吧！這或許確實要花一些時間，而等待的時候也或許是辛苦的。

然而，請稍微改變一下心情，因為痛苦過去之後，就會有感覺到「創造了美好回憶」時刻的來臨。而且辛苦等待的時間越長，從辛苦中解放時的喜悅就越大。

那時你應該就會感覺到「終於苦盡甘來了！這樣的等待的確很有意義」。

負面情緒會在
一個契機下轉為正面。

人生就像在下黑白棋。有時明明覺得已經山窮水盡了，卻在下一瞬間桃花源突然乍現，眼前變得明亮了。

現在的你即使因為負面的想法而意志消沉，請也不要灰心喪志，因為讓自己的想法轉變為積極正面機會，一定很快就會出現。

前人的智慧可以證明這一點。

例如「欲速則不達」這句諺語。

它表達了「急於求成，反而容易招致失敗」的意思。而日本的「善は急げ」這個諺語所表示的意思，則是「覺得好就要立刻去做」。這兩個諺語所表達的意思相互衝突，但都是古人留下來的智慧之語。

就像既有「先下手為強」說法，也有「出頭鳥遭殃」的說法一樣。

然而這些互相矛盾的諺語，其說法所陳述的都是正確的。也就是說，如果只從單一的方向去看待事物，那麼，從正面與背面所看到的東西是不同的。而且，事物也會隨著時間的流逝，時時刻刻都在改變。所以，無論什麼時候我們都要相信事物會改變，等待改變的來臨是很重要的。

在急與緩之間平衡，
控制生活速度，
往你想要的方向前進！

我們有必要對自己的人生發出「急」（焦急）與「緩」（等待）的兩種命令。有時發出「急」的命令，有時發出「緩」的命令。

如果一味的「焦急」，當身體和心理都跟不上那個「急」時，事情就會變得無法順利進行。但話說回來，只是一味的「等待」，事情則會變得停頓不前。所以最好能在急與緩之中取得平衡。

除了取得平衡外，這兩者還要能夠互相影響。必要的時候快快地完成工作，那樣就能有更多寬裕的時間，過著悠閒的日子了。

另外，工作時也要經常讓自己「緩一緩」，有充分的休息，能量才能獲得累積，在必要的時候發揮速度向前一衝。

如此，若能妥善地踩煞車與踩油門，控制好生活的速度，也就能控制好人生了。

如果你現在每天都過著猛踩油門日子，不妨偶爾試著踩一下煞車器吧。

遇到堆積如山的問題時，就像走在崎嶇的道路上，此時就應該緩緩而行，才比較容易通過難行的路段。就像汽車的油量減少了的時候，就應該停車加油；車子的狀況不佳時，就應該停車進行檢查一樣。

你的人生是屬於自己的。

控制好速度，往你想要的方向前進吧！

chapter 3

讓你更喜歡自己的方法

每個人都與別人不同，
有比人強的地方，
也有不如人之處；
這世上沒有所謂的一般人。

做問卷調查，是可以得知「平均」值的方法。例如人們的平均所得、平均身高、平均朋友數等等。很多人在意自己位於「平均值」的哪個位置上，想知道和周圍的人比起來時，自己位於平均值的上面還是中間、下面？而且，甚至會想：「一般人的薪水很高呀，我這麼努力，為什麼我只拿到這樣的薪水呢？」「和別人比起來，我的朋友特別少，難道是我什麼地方不對嗎？」因為受到「平均值」為基準影響，有人因此煩惱自己不是「一般人」。

然而，事實上並沒有類似「平均值」這個東西。

看看周圍吧！你看到符合「平均值」、是「一般人」，讓你覺得可以稱為「平均值先生」、「平均值小姐」的人了嗎？

應該沒有吧！

每個人都有與別人不同之處，都有不一樣的地方，各有各的習性。

人都有優點，也都有缺點，沒有人是什麼都在「平均值」之上的。

仔細想想，這難道不是理所當然的嗎？

話說回來，自己和別人不同、不一樣之處，不就是所謂的個性，是你之所以為你的珍貴之處嗎？

統計出來的東西只是一個大致的標準，只是一個單純的數字，不是實質的東西。

所以，即使有人對你說「一般就是如此」、「大抵就是這樣」之類的話，你也不必太在意，更無須為此煩惱而陷入沮喪之中。

不如輕鬆地想「那不過是某一種意見而已吧」。事實上也確實是那樣。我在本書中所寫的，也就是我的個人想法，並不是什麼平均值的想法，也不是什麼絕對正確的東西。

對於信息化的現代而言，拘泥於「平均值」這件事，可以說只有壞處。因為這個也不知道，那個也不知道時，很容易覺得自己跟不上這個時代。

因為在意「平均值」與「一般」而陷入煩惱中的你，一定是個擁有單純之心且很坦率的人。能夠坦率地接受別人意見，這本是一件非常了不起的事，但若被別人的話牽著鼻子走，恐怕會迷失了自己吧？

所以我認為還是不要在意所謂的「平均值」與「一般」比較好。

他人的評價或許會
改變你周圍的狀況，
但不會改變你本身。
做自己想做的事，
直到自己滿意為止。

你想要寬裕而悠閒地過生活，但那並不是容易的事。為什麼這麼說呢？因為我們總是在意別人的眼光，而悠閒生活往往被他們視為懶散；因為大家總認為，想成為上司與下屬眼中「能幹的人」、想成為家人與情人眼中「值得信賴」的人，大多不能悠閒（懶散）度日。

希望被人看好，能夠展現自己的能力，這是人之常情，是很自然的事。但如果你想要展現自己的能力也要適度，千萬不要做出虛張聲勢的事，明明不知道卻裝知道；或是以為自己沒有惡意，卻總是裝模作樣地掩飾無知、說了假話，這種情形早晚會被看穿。即使你外表看起來仍然自信滿滿，內心卻脆弱不堪，精神隨時可能崩潰；因為你老是擔心、在意別人的看法，久了就會失去自己，漸漸搞不清楚自己該做、想做的事情。

事實上，比起希望別人看好自己，還不如找出自己真正想做的事，活出自己想要的樣子。這才是最重要的。

他人的評價或許會改變你周圍的狀況，但不會改變你本身。

不要在意他人的看法。做自己要做、想做的事，直到讓自己滿意為止。這樣，你就能由此得到喜歡的工作與自信心。

很不可思議的，當你做著喜歡的工作，並且生出自信心時，你不僅變得不在意他人對你的評價，也會產生了對自己人生的責任感。

試著重新和自己相處吧！在這個嘗試的期間，必定也會聽到別人對你的新評價，但是，不要在意別人的眼光，你可以想「過些日子那些評價就會消失了」。

自卑感，
是想要變得更好的
一種心理反射。

你會覺得自己沒有才華，沒有能力也沒有吸引人之處；因為覺得自己比別人差，而陷入深深的自卑感中。

但老實說，誰都有過這樣的感覺吧？

美國某個大學以學生為對象，調查學生是否有自卑感。調查的結果發現百分之九十三的學生有自卑感。這個結果顯示大部分的人都有自卑感。

而從我的觀點來看，我覺得回答自己沒有自卑感的那百分之七學生很有問題。沒有自卑感的人很可能有躁鬱症的躁症異常性格。

人需要某種程度的自卑感。因為人感覺到自己的不足，所以產生自卑感，於是就會產生讓自己變得更好的心理。因此自卑感可以說是想要自己變得更好的一種心理反射。正因為有提升自己的欲望，所以會在意周圍有魅力的人，並且發現自己的缺點。

只是，在被自卑感折磨時，卻只知道抱怨自己的不幸，不滿自己是個沒有用的人，而不積極地去做點什麼來補救，這樣是不行的。

所謂的幸福，取決於自己的感覺。不要覺得「我不行」，不要討厭自己，不要封閉自己的心，要想著「現在的我雖然不行，但總有一天我會成為希望中的自己」。

人一旦被自卑感控制，想要重新站起來確實並不容易。但是，只要知道誰都會有自卑感，那麼就應該可以克服感到難為情與覺得自己沒有出息的心理了吧。

有適度的自卑感的人，會有更好的抗挫折能力，擁有總是努力向前的能量，得到更好生活方式的可能性很高。

不要「討厭自卑感」，應該「笑納自卑感」。希望你能這麼想。

內心情結正是你之所以為你，
成就你的個性的要素。
討厭這個情結，
它就是你的缺點；
喜歡的話，
它能成為你的優點。

人，常被種種情結困擾。

其中一個代表性的例子，就是關於容貌的自卑感情結。例如嫌棄自己太胖了、眼睛太小了、個子太矮了、皮膚粗糙、髮型太醜、穿什麼衣服都不好看等等，因為感覺自己容貌、外表上的一點點缺陷，而陷入憂鬱，甚至產生了自暴自棄的心理。

要擺脫這樣的自卑感情結，其實只要轉換一下自己的想法就可以了。

這是某一位女士告訴我的事。她說當她心中有小小的、解不開的情結時，就會在與人交談時，讓那個情結成為話題，藉此抒發心中的憂鬱。雖然本人也很介意心中的鬱結，但那樣的情結並不是介意就能改變的事情，而且別人敏感的窺探眼光也很令人不舒服，還不如大大方方地把心中的情結當作趣事拿出來說。在被別人暗中批評之前，自己先說出來，還比較輕鬆。如此一來，和交談對手之間的隔閡，好像也應聲化解了；交談變得融洽起來，那自卑感的情結也變成了有吸引力的話題。

心中的情結是你所以為你，成就你的個性的重要因素。如果你討厭那一部分，它就是你的缺點；但如果你喜歡，它就是你的優點，周圍的人也會知道那就是你的個性。

還有，不要覺得自己不如人，或認為自己只是二流的人物，更不要因為和他人比較高低之事而煩惱。

很多人都認為：讀一流高中、一流大學，畢業後就業於一流企業的人，就是所謂的優秀人物。但是，什麼是「一流」呢？是因為比較有歷史嗎？還是因為薪水比較多？平均值比較高呢？或是是股票上市的企業呢？結果，這些問題其實都沒有明確的答案，充其量不過是這個社會虛擬出來的價值觀，並不是絕對的優劣。

說起來，人的價值原本就沒有差別的。這是仔細想想就會明白的事。

我認為所謂的「優秀」，就是不管別人怎麼說，走自己選擇的路。

人在滿足中不會進步，
反而是為自身能力不足煩惱的人，
有進步的可能性。

在電視上看到的一段影片。那是記錄幾個人國中畢業後希望成為廚師，到餐館當學徒的學習過程。

原本有將近二十個孩子去學習，但經過兩年的嚴格學習訓練，最後只有兩個孩子留在餐館。那兩個是開始時讓他們做什麼，他們都做不好的一個男生和一個女生。

後來，曾經和他們一起學習的同伴來餐館看他們，吃了他們料理的食物後，無言地讚嘆了。

「以前我覺得自己的菜比較好，但其實兩個人做的菜更好。」動作總是比別人慢，聲音也很小，經常被前輩指責的女生說。

「如果這個工作做不好，我就完了。因為沒有別的工作，所以不努力不行。」

明白自己的狀況後，花時間去努力，就能贏過才華洋溢的人。這是我一再被教導的事情。

認為自己沒有才華、沒有能力，是做什麼也做不好的人。然而，誰都曾經有過一、兩次這樣失意的時候吧？

自卑感是覺得自己不如別人的一種情緒。也就是說，自卑感是希望自己變得更好的心理反射。因為有著想提高自己水平的想法，所以會特別在意有才華、有吸引力的人，並且看到了自己的缺點。

覺得自己有自卑感的話，就要積極地有「好吧！既然如此，我更要向上，我更要努力」的想法。

有許多煩惱絕對不是壞事。煩惱是引起我們更加深入地去思考事情，去反省自己，去改善人際關係的觸發劑。人，靠著克服煩惱得到成長。

總之，人因為有自卑感，而得到了面對自己的機會。

我認為正在為「我沒有用」而煩惱的人，擁有很大的可能性。所以我很想說「請盡情煩惱吧」。

人在滿足中不會進步，所以我們不是應該朝向更高的目標，好好地迎接困難嗎？

和別人做比較通常是白費力氣的事，但是，以別人為目標，鼓勵自己見賢思齊，那就是一種很大的力量。了解自己的煩惱、缺點，以此為基礎向前邁出一大步吧！

其實，
帶來幸福的青鳥就在你身邊。

「我倒楣。我太倒楣了。身邊一點好事也沒有。什麼時候我才能抓到幸福呢？」

有人就像這樣的，總是不以肯定的方式來看待自己的人生。但是，在周圍的人眼中，那樣的人卻有著十分幸福的人生。就職於大企業的這個人，每次開口就沒完沒了地述說在那家大企業工作是錯誤的選擇。但旁人的眼中，那是一家優秀的大企業，他也獲得了很好的待遇。若說到家庭，他總是抱怨家中種種的不順心，說自己不應該結婚。

在莫里斯・梅特林克的童話故事《青鳥》裡，基魯奇魯和米琪兒這兩個孩子，為了尋找象徵幸福的青鳥而遊歷各國。而由這個故事衍生出來的，則是被稱為患了「青鳥症候群」的人，也就是指那種老覺得自己正做著不合己意的事，認為一定還有更適合自己的地方與工作的人。

進入優秀的一流企業工作數年卻辭職、反覆地換工作或回到大學等等，這些主要都是因為不滿意當下的工作而出現的情況，是我們的日常生活中所常見的事吧？

不滿意現況而追求理想，這件事的本身並不是壞事，甚至要說是很好的事。但是，如果明明已經得到適合自己的生活了，卻總是對現況感到不滿足，一味地抱怨自己的生活，那就讓人感到費解了。

對這種人來說，大概所有的事情都是錯誤的吧？大概也從來沒有「某件事情如果變成這樣的話，就可以了」的想法吧？

「假如這樣……的話」、「如果這麼做……的話」，嘗試自己的可能性不是壞事，但一次又一次的嘗試，嘗試過頭了，最後可能會流失自己原本擁有的事物。人如果老是回顧過去並不能改變什麼，但也不能對未來的事物過度期待。

比起自己的感覺，現實中的自己其實已經很幸福了。一直在尋找青鳥的基魯奇魯和米琪兒，最後也明白了，原來自己尋找的東西就在自己的身邊。偶爾靜下心來，一步步地累積腳下的現實，不是也可以創造出光明的未來嗎？這才是通往幸福的最短距離。

不是只有孩子需要掌聲；
大人也必須好好鼓勵自己，
給自己掌聲。

「不喜歡自己那樣，也討厭自己這一點」，因為在意自己的缺點，被自卑感折磨而陷入厭惡自我、自暴自棄時，也是人最感到失落與煩惱的時候吧？

然而，要讓人喜歡自己，其實並不是那麼難。

不被自己喜歡的性格，可以稱之為「偏差」與「扭曲」吧！不過，所謂的個性，不論是了不起的才華或美德，其本質都是屬於「偏差」與「扭曲」。

只是，能讓自己與別人幸福的性格，我們說那是「個性」；反過來說，讓我們感到倒楣、不幸的性格，便被我們說是「偏差」與「扭曲」，被我們討厭。不過，不管是怎麼樣的「偏差」，也都能轉變成我們的個性。

我想要介紹幾種我經常做的，讓「偏差」轉變成「個性」的方法。

或許是因為有不少協會的會長或理事讚揚我，所以我被認為很喜歡社交。但其實我的內心是世人想像不到的，我有種不喜歡與人見面的強烈封閉性格。會在即將要聚會、跟人見面時，突然變得不想看到人。

舉例來說，當那樣的自我厭惡性情有部分抬頭時，我就會這麼告訴自己：

「不管怎樣，上次的見面不是很開心嗎？這次的見面一定也會有開心的事情。」

「會有人來跟我說『好久不見了』。就算我只和那個人說話也沒關係，不是嗎？」

然後，在聚會順利地結束後，我會誇獎自己：「很棒，做得好。」

我們總以為不懂事的孩子需要撫慰與誇獎，來幫助他們成長。但其實大人也需要成長，也必須給予鼓勵。在讚揚中成長的，不是只有孩子而已。

要讚揚的原因，是因為接受了自我厭惡的部分，並且去找到能夠發揮那個部分的場合。那樣做的話，被人不喜歡的部分，也能成為討人喜歡的優點。

如此一來，總有一天在你誇獎自己前，就會先得到周圍人的讚美。

打造自己的容貌，
不管從幾歲開始都不嫌遲。

不管是女人還是男人，都有「想變美」、「想變帥」的想法，因為這樣的想法而煩惱，是再自然不過的事了。而且，大多數的人也會靠自己的努力，去滿足這個想法。

最近很流行「微整形」，透過簡單的整形手術來美化自己介意的部位的人也增加了。不少人不再像以前那樣抗拒整形這件事，抗拒感消失了以後，不只微整形流行起來，為自己的容貌進行真正整形的人也變多了。

很多人因為藉著美容整形改變了自己在意的地方，人也因此變得開朗而積極。如果能夠靠著整形而擁有自信，我認為整形是一件好事。

只是，如果你認為自己的內向性格是因為自己的容貌造成的，那麼，我認為你沒有整形的必要。

其實，你的內向只是因為被想變美的心情束縛了，所以內心不安定的關係。而且，一旦步入社會，開始為生計忙碌後，接下來的要求就會越來越多，恐怕就會變得對現狀經常感到不滿意。

這樣的人，首先應該努力讓自己有「好的容貌」。所謂的容貌，是由「心」與「修養」及「容顏」組成的。整形或許可以把「容顏」整漂亮了，但不能把「容貌」整漂亮了。培養「修養」，讓「心」安定，才能讓人感覺到自己美麗的容貌。可可．香奈兒[1]說：「二十歲的容顏是老天的贈予，五十歲的容顏是你自己努力。」

不管是誰，年輕時候的臉都是漂亮的，不用做什麼特別的護理，皮膚也能水嫩發亮，全身充滿了能量。這可以說是年輕人的特權。只是很遺憾的，人年輕的時候總是看不到自己真正的美麗。

另外，人到了五十歲時，仍然有一張讓人覺得漂亮的臉的人，也是有的。不過，當然也有人到了五十歲時，失去了那張漂亮的臉，這也是現實。

這裡說的「漂亮的臉」，如大家所想的，就是「好看的容顏」的意思。一個人的成就，可以從臉上看得出來。但「成就」並不只意味努力工作得到地位、名譽、賺很多錢。

「從事好的工作」的人，可以擁有充實的人生，但是，對人生而言，「好好地玩」也是很重要的。

心中只有工作的人，容貌會變得太嚴肅；反過來的話，只知道玩樂的人，容貌看起來就顯得頹靡、沒有元氣。如果你每天照鏡子的話，應該會想到什麼吧？很多事情的累積最後總是會表現在臉上。

年輕的時候只知道修整容顏的話，隨著年齡的增長，好的容顏會逐消逝。我們要努力工作、認真玩，讓工作與玩樂之間有適當的平衡，這是我們打造「好容貌」的關鍵。當然，打造好的容貌從幾歲開始都不嫌遲。

---

1 Coco Chanel，女性時裝、時尚品牌的創始人。

所謂「美好的昔日」，
真的如此嗎？
然而今日就是明日的「美好的昔日」呀！
所以請珍惜今日的小小喜悅吧。

當現在處於艱苦的環境時，就會不知不覺地回憶起從前的事。

「我以前很有活力。」

「那時的我和每個人都相處愉快，從來不必為人際關係煩惱。」

我們的心靈總會這樣來回遊走於回味過去的美好、感懷昔日，與感受現實的艱苦之間。

這種時候，也難免會出現「應該要回到那個時期的自己」的欲望，覺得「如果能夠那樣就好了」。確實有不少人像這樣，把回憶過去的美好做為逃避現實的手段。這樣的人因為很難再面對眼前的困難，也承受不了現實的嚴苛要求，於是再一次地逃進過去的回憶中。如此一來，就更難改善眼前的困境了。

只是，我們必須自問，所謂的「那個時期」真的每天發生的都是好事嗎？

仔細想想的話，也許會想起那時應該也存在著不少現在不願意想起來的事情吧？

「人會美化過去。」這是常聽人說的話。過去一個小小的開心，很容易被自己美化成非常大的愉悅；而過去不愉快的事情，則會被自己重新做解釋而釋然。所以話說回來，現在回憶中的過去，存在著未必是事實的可能性。

我無意否定緬懷過去這件事，只是想說：一味沈浸在過去之中，並不能解決問題。

其實過去也發生過很多讓自己不愉快的事，只是被我們忘記了而已，而現在發生的不愉快事情，早晚有一天也會被我們遺忘。將來我們回頭看現在的辛苦時，或許會覺得還好發生過讓我們辛苦的事。所以現在發生的一點點開心的事，也要好好珍惜，或許小開心有一天會讓你覺得是極大的喜悅。

如果上述的話，仍然改變不了你痛苦的心情，那麼我想送給被「過去的榮耀」束縛的你這些話：

「你的未來完全由你自己掌握，只有你能改變自己的未來。而天底下沒有『永遠不幸的人生』。」

沒有比和人競爭更無趣的事了。
人生沒有必要做比較，
能評價你的人，唯有自己。

很多人會對別人正在做的事在意得不得了。
甚至非常在意別人是怎麼想的。
或許你平常不會這樣，但是不是有時也會陷入這樣的狀態中呢？
不只在意別人對於自己工作的評價，也非常羨慕別人正在做的工作。

「上司認可我了嗎？」
「周圍的人覺得我能幹嗎？」
老是想著這些事，是因為對自己沒有信心吧？
「為什麼不把那個工作交給我，而是交給他做？」
「他做的工作好像比我的工作有意思。」
被這樣的想法控制而苦惱，是因為對自己在公司的職位感到不滿意的關係吧？一個人如果對自己沒有信心，就會情緒低落，越來越沒有幹勁。

接著便會產生「提出這樣的企劃，只會被嘲笑吧」、「反正這樣的提案不會被通過」的想法。這是把別人的評價放在自己的心情之上，還沒有行動就先踩了煞車的行為。自然而然的，你變得瞧不起自己了。

變成這樣就不好了。但是，解決這種狀態的方法意外地簡單。

首先就是不要想太多，只要好好地去做現在該做的事、被要求做的事和想做的事，就好了。

由自己來評價自己，更能說服自己。自己覺得好，不就好了嗎？而且更能恰當地針對自己進行改善，不是嗎？人總是在只顧著在意別人時而迷失了自己，搞不清楚自己應該做的事情、想做的事情，很快地就會把迷失的自己表露在外，變得膽小而自卑。

還有，不要做沒有意義的比較行為。難道你就不能想著別人的事怎樣都很好，自己根本不要去管嗎？

不想不如別人的心情，自然是讓事情導向成功的動力。但是，如果那個動力轉向與「怕輸」戰鬥，那麼心情就會變得緊迫、不輕鬆，而緊迫的心只會讓人精疲力盡。

和人比較時，難免會露出自己的缺點，一點用處也沒有。為了讓自己有開朗的人生，肯定地看待自己，是非常重要的事。

相信自己，放鬆心情，也能發揮實力。有了輕鬆面對現實的態度，就能找到樂趣。在那樣找到樂趣的過程中，你一定能得到好的工作與自信心。

沒有比和別人競爭更無趣的事了。你的人生真的沒有必要與別人做比較。

就像旁人的煩惱對你而言不算什麼，
你的煩惱對旁人來說也不算什麼。

對你而言，你的煩惱自然是非常重要的事情。但是看到別人的煩惱時，卻不可思議地有「那有什麼好煩惱的？」的想法。

不過這裡也隱藏著可以讓我們積極生活的啟發。

某位男性因為自己離婚了，而感到心情沉重，壓力很大。他認為「自己是婚姻失敗的男人，和妻子離婚了」，並且對那位前妻感到非常抱歉。

他也想到：前妻比自己年輕，還有很多機會能和比自己更好的男人結婚。但是那樣的話，自己真的無所謂嗎？而今她的外表看起來這麼平靜，似乎已不受離婚的事情影響。他想，會不會自己其實還很在意她？

而當他試著和她對話時，也完全感覺不到她的在意。她說現在這個時代離婚不算什麼，甚至還若無其事地談到有朋友和離過婚的男人結婚了。

如此看來，確實只有他一個人在煩惱。他將離婚之事視為人生的一大挫折，但她卻沒有相同的感覺。也就是說，事實上他完全沒有必要對她感到愧疚。

如此想來，他的煩惱根本就是自己的幻想與胡思亂想，只能靠自己擺脫那樣的胡思亂想。

你的煩惱是否也是因為那樣的胡思亂想而造成的呢？其實現實裡並沒有讓你感到困擾的事情，是你被自己的種種揣測束縛，因為過度猜測對方的心情而獨自煩惱不已。

我會建議你把煩惱說出來，然後你會發現心情變得輕鬆很多。「原來大家都是這樣的」、「大家都不在意這種事嘛」，你會發現有這樣想法的人意外地多。另外，既然大家都是人，其他人其實也和你一樣，也為著身邊的人覺得不需要煩惱的事情在煩惱。

對你來說，周圍的人的煩惱根本就沒有什麼；同樣的，對周圍的人來說，你的煩惱也不是什麼要緊的事情。

這樣一想，你的心情必定就會變得不一樣。

chapter 4

消除對人際關係的煩惱

世上沒有完美的人際關係；
只要恰到好處地感到滿足，
為互相理解而喜悅，
並且珍惜彼此，
就是很好的關係了。

有人際關係恐懼症傾向的人，當感覺到不明白對方在想什麼時，就會做什麼事都要再三猶豫，不敢行動。如果你也有那樣的擔心，我想告訴你，這沒有什麼好擔心的。

其實，對方也存著「想要了解對方想法」的心意。有這樣的心意，表示事實上並不了解，所以說他也是心存恐懼的。老實說，大多數的人都是靠著猜測，擅自認為「對方是這麼想的」，以此來減輕內心的恐懼與不安。

我們通常會完全不明白對方在想什麼，所以感到不安。因為不安，所以猜測了對方的想法，再展開行動。但猜測的結果有時是失敗的。不清楚別人在想什麼，這是理所當然的事，所以招致失敗並不奇怪。

然而人際關係的恐懼症，是因為太在意這樣的失敗而產生的。沒有猜中對方的心意而展開的行動，會讓對方感到不快吧？因為擔心這個，於是被恐懼與不安束縛了。

但是，人如果沒有行動，就沒有辦法去知道對方的想法。嚴格說起來，人並不是有意識地要去了解別人的想法，而是習慣與經驗，讓我們自然地想去預測對方的想法。

甚至你也可以這麼想：對方預測錯了你的心意，並且基於那樣的錯誤，誤解了你。此時，如果對方是你親近的人，你應該不以為意吧？相反地，如果對方和你並不親近，你大概會有種受到打擊的感覺。

也就是說，不要總先心存害怕別人的心理，要先用心親近對方。那樣的話，即使彼此之間有些誤解，對方也會原諒你。不要因為恐懼而不與人來往，而是要利用與人來往的社交活動，消除內心的恐懼心理。

另一方面，你想完全了解對方，也想讓對方也了解自己。但這種想法也是個問題。

明明已經更進一步地理解了，卻因為要求完美，希望能夠「更明白」、擔心「為什麼不能理解呢」，而內心焦急不安。要注意，這樣反而會讓你與對方之間產生隔閡。

雖然我們可能比自己想像的更加理解對方了，但絕對不可能完全理解。對方也同樣如此。這世上沒有完美的人際關係。恰到好處地感到滿足，為能夠互相理解感到喜悅，並且珍惜彼此，這樣就夠了。

因為努力與人溝通
而顯得語無倫次、答非所問，
或許你因此顯得可笑了、讓人討厭了，
但如果你足夠努力，
還是會有很多人願意接受你的努力。

只是想到要和某人見面，就感到不安。見到人時，則是緊張得話都說不清楚，完全忘記原本準備好的話。雖然心裡知道這樣可不行，勉強開口了，卻是語無倫次。

誰都會有這樣的傾向，但是，這樣的傾向如果一直持續的話，就會成為與人交往時的重大障礙。

而且，希望能夠與他人有更好的社交，又有著這樣傾向，這讓夾在中間的我們痛苦不已。一方面知道必須更積極地進行良好的人際關係，一方面又因為這樣的傾向而難以辦到。如果你也有這樣的困擾，我想在此介紹好的方法給你。

某位擅長人際關係的女性說，當她遇到找不到話題的對方時，會靜靜地聽對方與別人交談五分鐘，或者，她只是聽對方與別人聊天，單純做一個聽眾。這樣，她就能大致了解對方的事情，然後再慢慢參與對話，就不會說錯話，不會出現讓彼此尷尬的情況了。而且，一旦有了共同的話題時，她就妥善地利用那個話題，讓她和對方的關係變得輕鬆。

這位女性可以說是高級的人際關係達人吧。

一般而言，對人際關係感到棘手的人，通常都有某方面的神經質與內向的性格，並且似乎也有著自卑感。特別是越年輕的人，因為不甚了解世態，也不是很了解自己的能力，人生經驗又少，所以在面對他人時，會感到恐懼與不安。

我這樣說好像太嚴肅了，不過，如果你因為害怕而關閉心扉，對方當然也不會一直為你敞開胸懷。相反地，儘管你語無倫次，而希望能夠與人溝通的努力或許讓你覺得自己很難堪，或被討厭，然而願意接受這樣的你的人，還是大有人在。

因此你必須相信，即使失敗了，也要努力去重新開啟人際關係，因為失敗原本就是人生的一部分，人生更不會因為不善言詞就結束。

你甚至不該討厭看到人就臉紅、說話就變得語無倫次的自己，因為情況總有好轉的時候，最重要的是，你不要放棄自己。

其實，成為社交達人並不是什麼困難的事。

你所需要的只是一點點勇氣、毅力，不要著急，輕鬆地繼續努力吧！

不擅長言辭的人，
不必勉強自己能言善道。
如果能夠改變觀點，
就能擁有強大的力量。

你因為自己不擅長言辭，對於與人交談感到苦惱嗎？

當我們說不出想說的話，因此而感到焦躁時，性格內向的人會有「與其說話惹怒對方，還不如不要說」而不想開口與人交談的情結。

但其實你可以不必這麼想。例如從事銷售業務的人，如果有著能言善道的口才，能讓顧客跟著自己的步調思考，會被認為是很有工作能力的人；但反之，太會說話有時也會引起顧客的不信任感與警覺心，讓彼此的關係變得緊張。

雖然這只是我個人的看法，但個性外向而且擅長言辭的人，確實容易在剛開始的時候取得較好的成績，但隨著時間的推移，內向的人也會逐漸累積出成績來。

人會表現自己的希望與想法，並且信賴看重自己的人。內向的人不擅長言辭，也不會說奉承、討人喜歡的話，只能拚命努力地去抓緊對方的心。因為話少，所以每一句話都有重量，並且在多次的交往中，終於能夠把自己的誠意傳達給對方。就這樣，內向的人成為了善解人意的傾聽者。

另一方面，擅長言辭而開朗的人有專注於自己的話題的傾向，反而不能引對方說出自己的要求與想法，不能成為體貼人意的傾聽者。

所以，不擅言辭的人沒有必要讓自己成為能言善道的人。

看看企業界的高層們，其中有口若懸河的能言善道者，但意外的，也有不少屬於沈默寡言的人。不過，人們大都對於願意傾聽自己說話的人抱有好感。

不擅言辭的人成為好的傾聽者的竅門，就是慢慢地說，慢慢地聽。

重要的是傳達誠意。不論是何種人際溝通，傳達彼此的誠意就是人際溝通的共通點。具體來說，就是適當的隨聲附和；就是用這種方法傳達自己的感情與想法給對方。

例如，聽到感動的事或悲傷的事時，閉上眼睛深深點頭、低頭，或注視著對方的眼睛，來傳達自己的心情。還有，當對方一時語塞、說不下去時，可以說「然後呢」，試著催促對方繼續說，安靜地等待對方的再度開口。如果有時間上的空檔，不妨回顧、整理一下剛剛對方說過的話。

如果有能夠認真傾聽對方說話的能力，即使是不擅言辭的人，也能夠好好地生活在這個社會。其實內向的人如果能夠改變觀點，就能擁有強大的力量。

想像一下拒絕時的內心狀態吧！
若能夠感受到那種痛快的滋味，
就能生出拒絕的勇氣。
難道你不想盡快嘗嘗那種痛快的感覺嗎？

本來應該要拒絕的事，在對方強硬的態度下，或因為種種的束縛下，卻怎麼樣也無法拒絕。

這種該拒絕而沒拒絕的事，經常會招來後悔的結果。

一開始就知道應該拒絕卻沒有拒絕，通常是因為擔心拒絕了以後，與對方的關係發生變化，所以無法下決心拒絕。

這是害怕一旦拒絕，會讓對方感受不好，進而惡化了彼此的關係。

但如果不拒絕的話，不好的感受就會落到自己身上了。這時的你，不是應該稍微為自己多想一點嗎？如果由自己來承受這種不好的感受，或許會讓對方高興，但千萬別忘了你也應該珍惜自己。

人際關係如果能夠雙贏的話，當然是最理想的。但是，雙贏不是容易的事，總是有一方會覺得自己失利，所以問題是到底要讓自己有這種「失利」的感覺？還是對方？

如果失利的是自己這邊，那就必須建立起往後自己也能得到好處的前景。所以，如果是對方那邊會失利，也要在同樣的思考下採取行動，這樣才能取得平衡。也就是說，這一次讓對方遭受損失，下次有別的機會時，就由我方做出有利於對方的行動，那麼對方就應該不會有不舒服的感覺了。

只是，在拒絕對方時，沒有必要把這些想法拿出來說。而我們之所以覺得難以拒絕，有時會是因為對方給了我們好處，我們也覺得從對方那裡得到好處，才會開不了口拒絕。其實，如果擔心造成對方的損失，也不用太耿耿於懷，因為很快就有機會讓我們為對方付出了。真的不用太擔心。

再者，如果只是一般性的拒絕，根本不會造成對方的不愉快。萬一真的會損及對方的利益，為了迴避那樣的情況，就不妨考慮去拜託其他人。

事實上，有時會讓對方感到不愉快，是因為你拒絕的方法不夠好。

如果你覺得應該拒絕，就要趁早拒絕，直接而且清楚地跟對方說出No。這是拒絕他人時的要訣。

假如你想過一陣子再拒絕，或是拒絕得不乾不脆，或許會讓對方對你的答覆有所期待。如果對方又是個急性子的人，可能以為你會答應他的要求，而馬上展開行動；因此一旦知道你的回答是拒絕時，難免產生不快的情緒，這是可想而知的事。

還有，如果你是透過第三者或使用書信傳達拒絕之意，會讓對方感到鬱悶，產生「為什麼不直接告訴我」的不信任感。

迅速、明確、直接地拒絕，雖然當下彼此覺得有些尷尬，但這樣卻能讓對方及早思考，或許還會博得對方的感激。

試著想像一下拒絕他人時的心情吧！一想到拒絕之後的痛快感，你應該就有勇氣拒絕了吧？我們不是應該盡快享受那種痛快感才是嗎？你那沈悶的心情應該也能瞬間消除了。

該拒絕對方時，就及時拒絕，這無論是對自己或對方都有好處。

對於容易受傷的人來說，
由自己主動說「不用說我也知道」，
就會變得自在許多。

有些人會因為別人無關緊要的一句話而受傷。

「真羨慕。買新電腦了。這是第幾台電腦了呀？」只是被人這麼一說，就陷入這樣的苦惱中：「那個人肯定覺得我在炫耀。一定是認為我沒必要一直換電腦。我肯定被他討厭了。」

或者，只是感覺到別人的視線，便煩惱著：「我一定是哪裡不對勁了。穿錯衣服了嗎？或許我不應該出現在這種場合。」

誰都有過被他人若無其事的一句話刺傷的經驗。但一碰到什麼事，就覺得自己受傷的人，是本身有著所謂「被迫害妄想症」傾向的人。

再怎麼善體人意的人，也無法想像那種「很容易受傷的人」的心。一想到那個人是「不管別人說什麼，都覺得被傷害」，就無法輕鬆往來。於是，容易受傷的人就會被周圍的人當作「碰不得」的人來對待。如此一來，總覺得自己受到傷害的人，自然而然就會陷入「無法和人打成一片」的困境。

這樣的人應該冷靜想想：「為什麼覺得自己受傷了？」認真一想，會發現自己所想的其實是沒有根據的想法。但在此之前，希望大家要對自己的行為更有信心。

只是因為有餘裕買東西，所以買了想要的電腦，這和別人的想法有什麼關係呢？還有，就算感到周圍的人眼光，其實別人並沒有你想的那樣注意自己；而且，假使臉部或服裝有什麼問題，也是因為自己認為有必要為那個場合做這樣的打扮，才會這麼做。所以，我們應該對自己有信心。

如果能夠簡單地看待周遭的人事物，心就不會那麼累了。

這種時候，前面提到的克服「容易受傷」情結的方法，就非常有用了：與其擔心「被人說」，不如在「被人說」之前，選擇自己先說了。

把自己擔心的事情先說出來，就不會對別人說的話過度猜想而疑神疑鬼了，反而會想「被那樣想也無所謂，因為自己也是那樣想的」，並且用這種態度坦然以對，煩惱便自然消退了。

容易受傷的人總是非常在意別人對自己的想法，那種在意的情緒日積月累後，一旦被批評便心生擔憂：「果然被那樣認為了」、「被抓到痛處了」，然後又再次地感到自己受傷。

如果你表明「不用說我也知道」的態度，就會感覺到：先主動說出了自己的痛處後，就不須擔心被別人說破，心情自然就輕鬆了。

然後你或許也注意到了，當自己先說了以後，會發現別人反而不覺得有什麼好說的了。

所謂好的相處模式，是不會傷害到彼此；
彼此之間有某種程度的溫暖距離，
是一種保持不太近也不太遠的距離。

沒有比遭人背叛更令人傷心的事了。尤其是被自己信賴的人背叛時，更是讓人傷心。

但是，那種時候你要稍微冷靜下來，不妨想想「那個人真的可以信賴嗎」。

人總是任性自私的，只是自己喜歡，便要求對方也喜歡自己，甚至不管對方其實並沒有想和自己那麼深交，完全是自己單方面想和對方建立良好的關係。

所以，當我們覺得被背叛時，不妨也試問一下自己：發生這樣的背叛，自己是不是也有責任？比如說：自己是不是太過期待對方？或，自己是不是也強迫對方接受自己的好意？

因為太相信對方也和自己一樣，認為彼此是「良好的關係」，一旦發現事實並非自己所想的，便覺得被背叛而深受打擊。

即使看起來是互相信賴的關係，但好像只是自己太過於一廂情願，其實與對方的關係並沒有那麼好。能夠如此想的話，心情就會變得輕鬆一些。

我認為人與人之間所謂「良好的交往距離」，就是不近也不遠。如果自己沒有體諒對方的心情，就無法順利；但太多的體諒與過度干涉，也無法順利來往。

德國哲學家叔本華的寓言裡，有這麼一個故事，說到兩隻刺蝟為了禦寒而想互相靠近取暖。

結果牠們發現抱在一起的話，會被彼此身上的刺刺傷，分開的話，又冷得不得了。為了不受傷又能得到溫暖的最好方法，就是找到一個可以保持溫暖又不會刺傷對方的距離。

不近也不遠，是最好的距離。只要你隨時記得這一點，就能不費力地輕鬆掌握人際關係，如此一來，因為被人背叛而受傷的事，應該也會變少了。

對朋友不要抱持
太高的理想與期待，
要有體諒之心。

結交到可以信賴的朋友並非容易的事。如果你正在為此煩惱，那麼，在煩惱之前，請先看看你的周圍。

是不是至少有個人可以理解你？如果你認為還是沒有半個人能夠理解你的心情，那就大錯特錯了。

或許你還會想，那個「不能理解自己」的朋友，就算無法理解，好歹也該表現出認同你的樣子——如果你真的這麼想，就是你對朋友抱持的期待太高了。

假使朋友不能如你所希望的理解你，但在某個時候能為你出力，這其實也可以算是朋友。

能夠讓我們打從內心信賴的朋友，確實是不容易得到；就算是朋友或熟人，能成為我們真心信賴的人，也還是很有限。

既然如此，為了得到可以真心信賴的朋友，就自己主動出擊吧！

想想看，人生的邂逅何其多，可以認識朋友的機會實在不少。像學生時代認識同學般，我們可以認識別人的機會，應該是多到數不完的。

但是，在那麼多認識他人的機會裡，卻還是沒有交到可以真心信賴的朋友，那就是你自己不夠認真去交朋友的關係。所謂的朋友不像院子裡的野草，並非不用照顧就會自己冒出來，必須親自播種、灑水、施肥地去培植。也就是說，為了結交朋友，必須先考慮到要怎麼做才能交到朋友，然後執行交朋友的行動。

如果你不考慮如何結交朋友，就想要有人給你朋友的情誼和體諒之心，根本是不切實際的想法。

只是把自己封閉在硬殼裡，是絕對結交不到朋友的；只是渴望有人來輕拍你的肩膀、給你安慰，而不採取任何行動，也是不可能交到朋友。天底下沒有不勞而獲的事。

那麼，具體該怎麼做呢？總之，你必須先鑽出自己的殼，尋求認識他人的機會。

參加同好會、社團、運動活動或文化中心的講座等等都可以；有人找你去聚餐的話，也盡可能地參加；必須這樣不排斥各種機會，多出去參與活動，多和別人交談。此外，如果有人主動來和你搭訕，你也要以禮待之。這樣一來，你的性格也會慢慢有所改變。

善於與人交流的祕訣就是：雖然你有十件事情很想說，但請說五件就好，把述說另外五件事情的時間留給別人，並且在別人說話時專心傾聽。

為了得到可以信賴的朋友，要經常體諒別人。如果能夠不忘記這些，你的周圍遲早會出現一些親近你的朋友圍繞著你。

不要忌諱表露情緒與心裡話，
這樣才有好心情，也會產生勇氣。

精神與肉體受到打擊，或覺得遭受令人不滿的對待時，我們就會感到憤怒。

那種時候我們會有什麼反應呢？這不僅因人而異，也因對手與場合而異。

有人會當場爆發怒氣，立即反擊對方，這是所謂「暴躁型」反應；也有些人是不會馬上爆發怒氣，而是把憤怒藏在心中，懷抱著敵意，等待以後再報復，這是「懷恨在心」。

不過，也有人的反應與上述的不同。這種人雖然也感覺到憤怒，卻不會當場發作，也不會懷恨在心。這樣的人心裡沒有恨意，也能忍耐憤怒的情緒，還認為「自己也有責任」，並且準備忘了不愉快的事。

這是所謂「壓抑自我」的類型。不過，如果你老是壓抑著「已經受不了」的情緒，並且因此自責，那就會造成問題。

如果你想用自責的形式來消化心中的憤怒，那你必須理解，憤怒是無法因此消失的。因為憤怒的情感會潛伏在內心的無意識部分裡。被深埋在內心、沒有被妥善抒發掉的怒意，經過日積月累會形成龐大的壓力，持續下去的結果，很有可能變成憂鬱症。

這類型的人通常不懂得妥善抒發憤怒的方法，甚至好像有著「不可以表露情感」的想法。一旦被這樣的想法束縛了，行為上就會出現下意識地控制憤怒的模式，於是應該生氣的時候，也不會生氣。

率性表露自己的感情，確實有時會讓場面難堪。但如果你平常就很壓抑自我，一副很嚴肅的樣子，你周圍的人還不是一樣會冷眼看你？所以不如就讓人覺得你是那種「如果生氣的話，一定是發生了什麼嚴重事情」的人。

當然，我們也無須沒事亂發火。只是，遇到不能忍受的誤解、受到無理的對待時，還是表現一下憤怒比較好。

在精神治療中，有一種叫做「表現療法」的治療，那是把積在心中的憤怒、不滿宣洩出來，將感情表現於外，以此發洩積累在體內怒氣的治療方法。你會發現，隨著感情的傾吐，心情會變得開朗，身體也會變得有力氣，也就會有想說話、想表現自己主張的意願了。

首先，要讓自己有種不需猶豫便能說出內心情感的心態——持續這樣的心理訓練，久而久之，將會感到越來越無須為了積累在內心的負面情感而痛苦。

對別人好，人家也會對你好；
體諒別人，人家也會體諒你；
能喜歡別人的人，
也能得到別人的喜歡。

如果你總覺得被人責備，感覺周圍的人在指責自己而悶悶不樂，那麼，希望你確認以下的事情。

被人責備的你，是不是平常也有責備他人的強烈傾向？

有一位女性因為「沒有人喜歡我」而深深苦惱。但是，我聽了她的話後，發現了一件事，那就是她也不喜歡任何人。她說「那個人那樣做，很討厭」、「這個人的這種性格，我不喜歡」，她對自己周圍的人有各種的不喜歡。

所以，理所當然的，別人也不會喜歡她；不是沒有人喜歡她，而是她不喜歡別人。

有些人會嚴厲地批評別人，但這樣的人也因此經常讓自己陷入痛苦之中。例如，當他公開批評某個人：「那個人的工作程序不好」後，他便不好再使用和那個人相同的工作程序了。以後不管是什麼時候，當他想到要使用「那個方法」時，會因為之前做過的批評，而讓他很難去用那個方法。

還有，如果你曾經說過「是男人的話，就應該這麼做。那個傢伙不是男人」這種話去指責別人，恐怕也會在不知什麼時候，讓自己陷入不得不維持男性應有模樣的困窘中，就怕招來周圍的人說出「那樣的人，不算是男人吧」的指責。久而久之，你甚至會覺得自己「非怎樣不可」、「必須怎樣」、「不怎樣不行」的事情越來越多，而且非得親自去做才行。

總之，人與人的關係形成是互相造成的。

你對別人好，別人也會對你好。你體諒別人，別人也會體諒你。

能喜歡別人的人，也能得到別人的喜歡。

請記住，
優秀的人其實也有滿滿的自卑感。

在我年輕的那個年代，身邊沒有男女朋友是理所當然的事；那也是理所當然靠著相親結為夫妻的年代，和現在有很大的不同。

現在雖然也有靠相親結婚的人，但大多數似乎都是戀愛結婚的。因此年輕人有男女朋友很正常，沒有的話，反而顯得有點奇怪，讓人覺得這個人好像不受歡迎。

電視與報章雜誌紛紛推出與戀愛相關的節目與專輯，並且經常報導如今最熱門的約會地點，以及受到男女們喜愛的禮物資訊。

能夠聰明與異性交往的人總是很受歡迎，而不擅長的人，便不易抓住戀愛的機會了。越抓不到機會，就越不懂得如何和異性交往，最後還因此喪失了自信心，成為惡性循環。

我認為沒有男女朋友，並不是什麼難為情的事。有一位女性說：

「我現在沒有男朋友，但要我因為沒有男朋友而和自己並不喜歡的人約會的話，我寧願待在家裡看書更好。我想和真的喜歡的人約會。」或許有人覺得這樣的想法太古板，但我覺得她的話讓我很痛快。

沒有必要被時代的趨勢牽著鼻子走，也沒有必要著急。對於電視和報章雜誌的做法，我們冷靜以對就好，畢竟那樣煽動我們是他們的工作。

但是，只待在家裡看書，是不會讓戀愛的機會從天而降。想要尋找能夠邂逅優秀的人的機會，你至少要努力到人多的地方露臉。

一個男性朋友或女性朋友也沒有的話，很容易增加你對異性的自卑感。這是「對人恐懼症」。

因為你擔心著「被冷落」、「被討厭」，心中充滿不安而變得畏縮不前。這種「對人恐懼症」的心理，其實是與自尊心綁在一起的。自尊心越強烈的人，就越難對戀愛有積極的態度。

然而，請放心吧！每個人都有自尊心，也都有自卑感。對方也是搖擺在自尊心與自卑感之間的一般人。而我們之所以感到自卑，或多或少是因為覺得自己喜歡的人非常優秀——但這樣的想法其實大錯特錯，因為對方也有自卑感！不過，如果能把這種想法放在心上，即使是內向的人，應該也能以比較輕鬆的心情和異性互動。

失戀的不幸不會永遠持續下去，
美好的戀情一定會在那之後來到。

某位女性會在談論自己的戀愛時，這樣說：當我喜歡上一個人後，我會再尋找一個男人當備胎，腳踏兩條船。為什麼我要這麼做呢？因為我害怕我喜歡的人不要我了。那樣的話，我起碼可以想「還好，我還有這個人」。她因為想緩和失戀造成的打擊，所以事先做了準備。

或許有人覺得「這算什麼」而不以為然。但我覺得：人類不是常在下意識裡或多或少做著這樣的事嗎？可是這位女性是有意識地做了這樣的事。我因此認為她是一位腦筋很清楚的人。

人在失戀的時候，都會感到不安。花在戀愛上的能量是相當大的，當那個能量失去標的時，真的很痛苦，所以沒有人喜歡失戀。我聽說很多人會同時擁有一個以上的情人，雖然這讓我感到很意外，但我相信他們一定是真的喜歡對方才會如此害怕受到傷害。

不過，我雖然可以理解那樣的心情，但還是不能贊成「把別人當作緩和自己受到打擊的緩衝墊」。把別人當作工具來使用的人，有一天也會被別人當作工具使用。不管你是否知道自己在搞欺騙式的愛情，那都是你的事，畢竟欺騙就是欺騙，絕對不是好事。

但回頭來說，在你失戀的時候，周圍是否有能夠給你安慰，成為緩衝墊的朋友呢？和那樣的朋友喝個酒、談談心事，似乎也能夠治癒失戀的情傷。如果你有那樣的好朋友，他的存在可以成為你精神上的支柱，那麼你應該就可以勇敢的去面對戀情了。

即使失戀了，也不意味著不幸會永遠跟隨著你。失戀後，一定還會出現更好的戀情。越是痛苦的失戀，之後的戀情會帶來更加美好的幸福。深信這一點，這樣的心理就是你失戀的最佳緩衝墊。

若感到孤獨，
就把孤獨的情緒化為能量，
破殼向外行動！

只要是人，偶爾感到孤獨，是很正常的事。德國詩人弗里德里希・黑貝爾說：「生活，就是處於深層的孤獨之中。」我們不是宗教家、哲學家，只是一個凡人，活在總是被孤獨折磨的生活裡。

不過，如果因為經常感覺到被人疏遠，於是更加意識到自己的孤獨而把自己封閉起來，那就有危險了。因為這樣的人可能無法在社會上生存下去。孤獨感也被認為是導致抑鬱症、酗酒、痴呆症生成的原因。過度覺得孤獨，是很危險的事。

然而，人類原本就不易忍受孤獨。有一所大學曾經讓性格內向不太與人往來的人待在密室中，進行了人類可以忍受孤獨到何種程度的實驗。等過了預定的時間，才讓待在密室的人走出來，而好不容易走出密室的人說的第一句話，是「想和人說話」。這正是人類的原始姿態。

所以，當你感到孤獨，覺得好像要被孤獨吞噬時，只要好好利用對孤獨的厭惡感就行了。

一邊忍耐著孤獨的折磨，一邊期待有人來和你說話，這是被動的態度，並不足取。其實你應該自己動起來，轉換孤獨的情緒與環境。

首先，在心理上你要想著去理解別人，所以你必須打開自己的心，無論做什麼事都要盡量以愉快的心情去做。然後在環境上，則要積極地踏入人群中，努力增加邀約，建立起各種人際關係。或者，把房間的壁紙換成明亮的顏色也可以。總之，減少個人獨自思考的時間，讓身體盡量地動起來。

以討厭孤獨的能量，破殼向外行動吧！反覆通過這樣的事情，就可以減少被孤獨感折磨的情況。

要克服失去至關重要人物的傷痛，
並不是容易的事；
存有「如果那個人還活著」的想法，
是再自然不過的事。

人的生命不是無限的。但即使明白了這一點，當失去至關重要的人時，我們的心還是像破了一個大洞。在強大的喪失感襲擊下，將失去做所有事情的力氣。

面對那樣的時候，我覺得還是不要勉強自己努力去恢復精神比較好。此時更重要的事情，是把與那位重要人物的所有回憶，盡情發洩出來。

「不可以軟弱」、「不可以哭」這樣為自己打氣雖然很好，但那只是勉強作態，改變不了悲傷的情緒。

其實在那個時候，就讓自己「抑鬱」吧。

發生痛苦的變化時，我們的身心都面臨需要重新調整的問題，此時為我們創造出時間以解決這個需求的，就是「抑鬱」。

不要害怕悲傷與痛苦，就讓自己沈浸在對重要人物的思念中，盡情地掉眼淚吧。如果感覺心中有愧，就毫不保留地告訴與自己親近的人；如果想生氣，也可以生氣；如果什麼都不想做，只想要悲傷，那就悲傷吧！

經過這樣的過程後，通常會自然而然地湧現「不要一味地悲傷，稍微行動一下吧」的精神。所以靜心等待那個時刻的來臨，並且帶著這樣的心情過每一天。

要克服失去重要人物的傷痛，當然不是容易的事。很多人甚至一直無法克服，觸及任何景物都會再度陷入悲傷中，很自然就會有「如果那個人還活著」的想法。

如果因為想要「忘記」痛苦的事情而變得自暴自棄，還不如繼續想著痛苦的事情。

世上有數不盡的悲傷、痛苦與難過的事，例如死亡、失戀、離別等等。

總之，遇到那種時候，不要一味地隱忍在心，重要的是要發洩出來。只是把情緒積壓於內在，並不能消解抑鬱的心情。哭泣也好，生氣也好，大吵大鬧也好，痛快地找到發洩情緒的出口，就能把心中的不愉快發洩出去。

如何轉換情緒？應該很多人都知道不少方法。

然而，如果變得自暴自棄、沈溺於酒精裡，或瘋狂投入賭博、購物之中，或一個接著一個地與異性交往，尋求各種可能得到快樂的方式來逃避現實中的痛苦，我認為都是錯誤的。

因為那種尋求快樂的方式，不僅會傷害到自己的健康，甚至失去資產，在突然冷靜下來的時候，就會自責不已，傷害了自己的心靈。

還有，過度飲酒、賭博會染上酒癮、賭癮，讓自己的人生與家庭陷入破碎的局面。

自暴自棄或許可以讓人很容易感到快樂，但可以斷言的是，那種容易得來而短暫的快樂，會對自己造成種種傷害，絕對治癒不了心靈上的傷口。

另外，希望你也要記住，你所做的那些自暴自棄的事情，會讓你身邊的朋友與親人感到痛苦。

與其為了「忘記」痛苦而自暴自棄，不如去思考痛苦的原因，澈底地承受痛苦。消化痛苦的情緒需要很長的時間，大多數的人會因為長時間的想不透而感到疲倦，不過在那樣的情況下，反而會開始考慮到今後該怎麼做，並做出正確判斷的行動。

chapter 5

如果依舊陷入瓶頸

「自我封閉」是一種病，
若能有醫生的適當治療，
病情早晚會好轉。

「自我封閉」這個名詞已經廣為人知了。

有許多家長來我的診所尋求幫忙，說他們的孩子「不願意出門」。這些孩子有的是學生，也有已經是社會人士的上班族。

這樣的「自我封閉」，是因為在人際關係上受到某種傷害，於是出現了憂鬱、神經質等等症狀。不過，這樣「自我封閉」的人內心裡，也潛在著「雖然把自己關在房間裡，仍然依賴父母生活」的嬌氣心態。其實，獨自生活的人很難自我封閉，這是仔細想想就能明白的事。因為獨自生活的人不管做什麼事都得親自去做，在沒有人幫忙的情況下，不出門還是不行的。

如果你覺得自己有「自我封閉」的傾向，希望你再仔細想想。

大多數的現代人都是抱著孤獨感的。有人因為獨自生活而感到寂寞，也有人因為覺得無法和家人、朋友溝通而煩惱。年輕人整天抱著手機傳簡訊，不就是孤獨的一種表現嗎？

另一方面，也有對人際關係感到極度煩惱、厭倦、害怕的人。但是，如果認真傾聽他們的心聲，就會發現他們真正想說的就是「我其實很寂寞」。

換句話說，人只能生活在有人際關係的生活裡。因為有充實的人際關係後，才會有沈浸在孤獨時光中的喜悅。

明白這些心態之後，你還有辦法不踏出家門，為人際關係多做一點努力？

如果你還是覺得很難跨出這一步，那麼你可能有必要去找精神科醫生，好好地接受治療。「自我封閉」也是一種病，只要接受醫生的妥善治療，早晚你就能獲得痊癒。

經歷過病痛的人
更能理解人的辛苦與悲傷，
也會懂得如何溫暖別人。

「一病消災」，這是日本的經營之神松下幸之助說過的話。

這句把「無病消災」的「無病」置換成「一病」的話，具有「生過病的人會更注意健康，讓自己擁有健康的身體」的意思。老是生病當然很麻煩，但是偶爾生一次病、兩次病的話，反倒不是壞事。松下小時候體弱，曾經得過肺尖部結核性發炎的疾病，「一病消災」可以說是他的經驗之談。

我認為這句話含有「生過病的人，不管對誰都能以溫暖的心情去對待」的意思。

有一位女性對朋友訴說了自己感到痛苦的心情，結果被嘲笑是否患了「公主病」，因此受到了嚴重的打擊。

她想：「這個人因為一直活得很幸福，所以不能理解我的心情。」從此便封閉了自己的心。

有些人在覺得心裡難過、遇到痛苦的事情時，總會想找人談談，抒解心中的不舒服。這種時候，如果遇到對方說「不要軟弱」、「要堅強」這類的話語，是化解不了這樣的負面情緒。

只有經歷過相同處境的，才能對這種負面情緒給予理解；有時我們需要的並不是漂亮的勸解之詞，而是能夠默默傾聽我們煩惱的人。

托爾斯泰也說過「不要和出生之後就沒有生過病的人做朋友」。如果你現在正處於失落消沉中，那麼請牢牢記住你現在的狀態。是什麼話打動了你的心？是誰的何種態度讓你感到愉快了？是什麼樣的時刻讓你放心了？其實人在經歷病痛、陷入逆境時，往往能獲得新的力量；那是在你慢慢痊癒、從逆境中爬出來時感覺到的力量。

讓身體好好記住這個力量吧！如果你能永遠不忘記這一點，那麼總有一天，你就能對於和你遭遇相同狀況的人說上幾句溫暖的話，成為一個能夠理解別人痛苦與悲傷、擁有溫暖心靈的人。

不應該想「都是我的錯」；
憂鬱症不是你的錯。

你再也受不了了，覺得失落，悶悶不樂……其實誰都會有這樣的狀況，而且這樣的狀況早晚會結束。希望你不要忘記這點。

不過，如果這樣的憂鬱心情老是揮之不去，連日常生活都覺得是沉重負擔的話，就要懷疑是否患了抑鬱症。

有些人明明已經呈現出抑鬱症的狀況，卻不覺得自己患了抑鬱症；也有人只是有點悶悶不樂，就認為自己得了抑鬱症。抑鬱症一般確實會讓人長期情緒低落，卻沒有明確可以區別的其他症狀。不過，抑鬱症不是突然的病理，也不是簡單的病。

抑鬱症是經過一段時間才會表現出來，是相當難以處理的疾病。這個疾病會讓人沒有信心，產生「這個世界毫無意義，既然我是個沒有用的人，乾脆全部放棄」的想法。

就這樣，在受到嚴重抑鬱心情的攻擊下，患了抑鬱症的人失去了判斷力，食慾極度不振，也難以入眠，深陷悲觀想法的泥濘中。

漸漸地也會生出「自己是無用之人，老是給別人帶來麻煩，不如死了算了」的念頭。

像這樣，抑鬱症可以說是被寂寞、不安、空虛、焦慮等負面情緒束縛，一種會讓人感到極度孤獨的精神性疾病。

如果能理解這樣的症狀是一種疾病，那就好多了。但若不能，恐怕就會一直認為自己個性陰暗，愚蠢無用，進而否定自己的性格與人格。

一直把自己想成那樣，是非常痛苦的。有人便因為負荷了那樣的痛苦而想自殺，甚至真的自殺了。

老實說，我也是抑鬱型的人。因為非常清楚自己陷入抑鬱時的情緒，所以非常能夠理解抑鬱者的心情。因此一旦聽到有人自殺了，就難過得不得了。我很希望自己能夠幫助他們。

如果你認為自己是性格陰鬱、情緒低落型的人，那麼，我會建議你至少前往精神科就診一次，接受醫生的診察。

知道自己患有抑鬱症後，「對抗病魔」的戰鬥意志會油然而生。以前一直以為「都是自己的錯」的人，請正視與你戰鬥的對手不是別人，而是「抑鬱」。

在接受治療的過程中，
不僅可以認識疾病，
且能讓人相信總有一天病症會好轉，
並且治癒。

靠自己認識抑鬱症是困難的。雖然說關於抑鬱症的知識現在已經傳播開了，但抑鬱症的受診率目前還是很低的。

或許你可以自我檢視，如果有以下的癥狀時，可以視為抑鬱症的信號，此時最好找專門的醫生進行諮詢。

- 總是擺脫不了疲勞感、倦怠感。
- 對什麼事情都不會感動，也不覺得快樂。
- 什麼事情都不想做。
- 變得孤立了，並且不喜歡別人。
- 失去好奇心與興趣。
- 經常發呆、心不在焉。
- 早上就提不起勁，一直到黃昏才開始有精神做事情。
- 半夜醒來。
- 自責的傾向越來越嚴重。

- 食慾不振，或暴飲暴食。
- 有自殺的念頭。

除此之外，還有陷入被迫害妄想、無緣無故地感到不安，和發生胃痛、腹瀉、便祕等消化系統障礙的症狀。

或許你會覺得這些症狀很平常，很多人都有，但如果症狀持續出現超過一個星期，建議你還是去找專業醫生，進行診斷。

抑鬱症是接受治療，就可以治癒的病症，此外，還可以減輕情緒低落的困擾。最近治療抑鬱症的藥物品質，也比以前進步許多。

最重要的，就是接受專業醫師的診斷，能夠認識自己的病症。煩惱的原因並不是因為自己個性與人格上的缺陷，而是和染上感冒一樣，是生病了。明白這一點後，痛苦就好像變得沒有那麼嚴重了。

而且，好像更能確信自己總有一天會好轉，能夠被治癒。

當然，抑鬱的情緒並不會因為明白這一點就消失。不管是什麼病，都不會因為醫生下了診斷，病人就能擺脫病症。只是不管怎麼說，醫生對病患治療的第一步就是診斷。確定診斷的病症後，才能開始治療的行動。

感冒的時候去看醫生，
是不需猶豫的事；
但心病也是生理上的疾病，
為何要猶豫？
既然同樣是生了病，
向醫生諮詢病情，
並不是可恥的事情。

如同前面我所說的，目前抑鬱症的就診率還是很低——會這麼說的原因，其實是希望任何人都可以輕鬆地去掛精神科醫生的門診，並且衷心希望他們能夠早日康復，恢復應有的精神。

事實上，人們接受精神治療的情況，和以前比起來已經有相當的改善了。

我的祖父成立青山精神科醫院，在日本推廣精神科的治療時，據說一天來看病的人數只有五、六個。

而現在，我的精神科醫院的三個診間經常被佔用，在病情還沒有康復之前繼續來就診的人變多了。

長久這樣經營下來就是，讓很多患者即使沒有住院，只是持續來看診便能恢復精神，回到正常的生活。

第一次到精神科醫院就診的人，不管是誰都會因為不知道該怎麼做、怎麼說而感到不安。還有些人，問題出在很難說清楚自己內心的想法。

事實上，到精神科醫院就診時，並不需要什麼特別的準備。因為雖然說是治療，其實只是在診療室或諮詢室裡，和醫生或諮詢師說說話而已。

醫生或諮詢師會先讓患者放鬆心情才開始。那是為了了解症狀的問診，但同時也是治療的開始。

患者通過醫生或諮詢師的問診，有了自己得到被理解的感覺後，多少能夠減輕一些不安的感覺，如此一來，就會敞開心胸地說出自己的困擾了。

然後，藉由傾訴自己的內心，理解了自己患上抑鬱症的原因，也能夠明白自己為什麼感到痛苦了。

你感冒時，會毫不猶豫地去醫院看醫生吧？

心病也是生理上的疾病。

如果感到身體有任何不舒服而去醫院找醫生診治，一點也不需要感到難為情。這是極其自然的事。

心生想死的念頭時，
一定覺得很痛苦，
去找你可以信賴的人，
或是醫生，
說說內心的苦悶吧。

如果你的煩惱是與你的成長有關，那其實不是問題，而且是好事。但是，倘若那煩惱讓你到了「再也受不了，讓人不想活了」的地步，那麼問題就大了。

不幸的是，當今自殺者的人數一直在增加中，而且還有比這些自殺身亡的人多出好幾倍人數的自殺未遂者與想要自殺的人。

人類一方面有著即使被痛打也要活下去的堅韌精神，但另一方面也有著為了別人覺得只是細微小事的理由，就輕易下定決心自殺的脆弱。明明本人也沒有嚴重到被逼到絕境的感覺，卻選擇了走向死亡的方向的情況。

因為那樣的情況而自殺的人，似乎大多是個性內向的人。平日內心裡就潛藏著厭世人生觀的人，也會被即使是周圍的人眼中只要稍微努力一下就可以解決的問題綑綁，走不出自己的束縛，此時可能就會有走向死亡的結果。

人們走向自殺之途的原因有很多種，有人因為報復心而自殺，也有因為情緒失控而自殺的，當然也有人是為了逃避現實而自殺的，但因為極度「抑鬱」而自殺的人最多。因為極度抑鬱的自殺，被稱為是「因為精神狀態的自殺」。事實上，百分之八十的自殺，都是因為「抑鬱」而引起的。

自殺者的情緒，受到了抑鬱的控制。雖然外表看不出來，但他在自殺之前必定經歷了多次情緒極度失落的情況。還有，在自殺之前，他也有開始拒絕與周圍的人溝通的徵兆。

出現這樣的徵兆，或心生尋死念頭的人，心裡一定是很痛苦。如果你有這樣的情形，希望你能和你信賴的人，或者是醫生，好好地說說話。

因為想鼓舞自稱想自殺的人，讓那個人振作起來，於是用了開玩笑的口吻來勸阻，使用了輕蔑死亡的語言。但那種語言經常造成反效果，是錯誤的！但年輕人尤其容易犯下這樣的錯誤。

事實上，我們必須避免使用過於偏離當事人想法的語言。想鼓舞別人時，如果沒有足夠的語言，是無法讓負能量轉換成正能量。前面說過了，你真正信賴的人或者是專業的醫生，比較可能把你的負能量轉換成正能量。

另外，為了不造成因為一時衝動而自殺的情形，我們有必要讓自己處於身邊有人陪伴的環境，避免獨處。不管有沒有自殺的念頭，平常就必須告誡自己不要想著死亡的事。這是我們能對自己做的最佳防衛。

多信賴周圍的人，
試著開口和他們交談吧。
你的周圍應該有很多人
願意給你溫暖的語言。

即使你沒有抑鬱症，但當你感到痛苦時，最好還是果斷地找個信賴的人傾訴一下心中的苦惱吧！

你在傾訴自己的苦惱時，苦惱或許並不會因此就消失，但藉著傾吐苦惱的過程，你的痛苦或多或少能夠獲得減輕。

不跟別人商量，獨自埋頭苦惱，只會讓苦惱在心中越埋越深。

所以，不管是誰，尤其是個性內向的人，更需要有可以輕鬆面對、傾吐內心煩惱的對象在身邊。去結交可以傾吐內心煩惱的對象吧！即使只有一個也好。

如果不去結交那樣的對象，只是一味地孤立自己，就會陷入誰也不懂自己的惡性循環中。現在越來越多人會訴說著自己身邊沒有可信賴的人，這樣的人似乎比訴說自己沒有情人的人更多了。這是必須深思的問題。

你是否也是如此呢？

如果你也是如此，那麼希望你好好地思考以下的問題。

你真的很孤獨嗎？真的沒有人願意理解你的問題嗎？真的沒有你喜歡的人嗎？

如果你認為周圍的人沒有能力和你一起背負煩惱，就大錯特錯了。假使他們不能如你所願地解決你的煩惱與痛苦，但他們還是願意做為你的親人與朋友，這一點是不會改變的。

所以，何不再多信賴一下周圍的人，試著和他們多說幾句話呢？

你的周圍應該有許多願意溫柔跟你說話，對你說出溫暖話語的人。

在困難的時候、痛苦的時候，周圍有足以信賴的人——想到這個，還有什麼好害怕的呢？

覺得痛苦，
想要依靠別人的時刻，
或許就是成長的轉折點。

有些人過度獨自努力，覺得不可以向別人撒嬌，更不可以依賴別人。在「獨立」這個想法的滲透下，現代人便越來越將「不能依賴別人，必須獨立」的生活觀視為理所當然。

但是，人有時是必須向別人撒嬌的。

順便在此說一下。小時候能夠充分地向父母撒嬌的孩子，很意外的，長大後好像更能在離開父母後順利成長。反倒是不能充分向父母撒嬌的孩子，在長大成人後會有「想要撒嬌」的心情。這是撒嬌不夠的遺憾造成的。從小就要求獨立，不可以過度保護，這樣對一個人的成長也是有害的。

然而，不管是小孩子還是大人，都有「轉機」的時候；那是比平時更容易讓我們快速成長的時候；那更是促使我們挑戰新事物，踏上和以往不同旅程的時候。

人在那種時候會有想要撒嬌的心情。為了成就一個新的自己再出發之前，往往會希望回到可以依賴別人的孩提時代，在充分的撒嬌之後，才能好好地成長並且完全獨立。

一般人總覺得越是「大人」就越是「不可以向人撒嬌」。所以，這樣的人在陷入精神上的痛苦時，很難擺脫痛苦的束縛。其實，會對周圍的人抱怨自己的不滿與不安的人，比較快恢復元氣。

如果你以前從不依賴他人，也不會向別人撒嬌的話，那麼從現在開始，偶爾也向某個人撒嬌一下吧！在你感到痛苦、想依賴別人時，或許那就是你成長的轉機。

把你的不安說出來吧，一定有人能夠理解你的不安。

不要什麼事都想自己一個人承擔，何不也試著吐吐苦水呢？

chapter 6

養成讓心放晴的習慣

如果有人讓你願意
奉獻不求回報的情愛，
那麼這個人的存在
將豐富你的心靈，
讓你變得積極。

有種東西叫「心靈的免疫力」。

通常在辛勞中成長的人，遇到困難時也能冷靜地應對，而且有能力承受困難。相反地，一直生活在平順環境中的人，就很難承受困難，而且面對困難時無力解決，因為不知如何是好而陷入恐慌之中。

舉個例來說，像那些老是被上司罵的部下，在又被上司責罵時，心裡如果只有「又在說了」的感覺，我們或許可以把這種漫不經心的態度，說是一種「免疫」吧。

如果沒有足夠堅強的精神力量，是發揮不出所謂「心靈的免疫力」這種東西的。

沒有必要「因為自己是弱者」而消極。你有你重視的人，也有愛情的對象，他們是你心靈的支柱，有了他們，你的心靈就會堅強起來。不要為了一點事情就氣餒。即使是出現了負面的情況，也要拿出

「為了那個人，要克服困難」的積極心態。

你的周圍應該也有那種有了家庭之後，變得更加堅強的人吧？對家庭的愛與責任感，會讓人強大起來。

當然，重要的存在並不一定是戀人或家人，朋友也會是重要的存在，還有單戀的對象，有時甚至是寵物。只要是因為有那樣的存在，就會心生努力的動力，就行了。

當然，為了那個存在，你有了不論什麼事都一定要努力的想法，也有著不可以因為自己的努力而向對方要求回報的念頭。但那樣的存在必定也會成為負擔，也會成為讓自己焦躁的原因。不過，就讓那個存在悄悄地成為自己心中的支柱就好，多給努力的自己一些鼓勵吧！

如果你能擁有一個讓你願意付出不求回報的情愛的對象，是很好的事；正是這個人的存在，將豐富你的心靈，讓你變得更積極。

休息有兩種，
一種是什麼也不做的休息，
另一種是給了適度刺激的休息。
而後者更能讓疲憊的心獲得休養。

人們常說：覺得疲憊的話，就好好休息一陣子吧。但話雖如此，明明整天什麼事也不做的休息了，卻還是心裡悶悶地開朗不起來。你是否也有因為煩惱無法消散，而更加煩惱的經驗呢？

其實，所謂的休息有兩種，一種是什麼事也不做，也就是只睡覺或無所事事地平靜度日。前面說的什麼事也不做的休息，就是這一種。

而另一種，就是給了適度刺激的休息。可以去找時間進行運動與愛好，擁有這種充滿趣味的時間，認真地去運動與遊戲。

另外，由於電腦的導入，現代人的生活裡多了技術壓力，在精神使用過度之下，導致日積月累的疲勞。這樣的疲勞無法單純靠休息來消散，必須藉著某些刺激才能解除疲勞。

此時需要的當然是工作以外的某些事物了。如果只是待在家裡什麼也不做，是無法消除累積在心中的壓力。

如此一說，就可以知道看似簡單的「休息」，其實並不是一件簡單的事了。

舉例來說，有人從星期一到星期五都非常認真地工作，到了週末時便不想外出，打算睡一個好覺，好好地讓自己休息。但是，這樣卻讓身心都殘留著沈重的疲勞感，到了星期一就變得不想去公司上班了。這就是所謂的「憂鬱的星期一」。這種情況如果嚴重了，就會產生「抗拒上班」的心理。

也就是說，這種休息的方法不能消除精神上的疲勞。只是睡覺是不行的，必須做一些運動，動動腦筋想想工作以外的事情。這種方法同樣適用於清除其他原因造成的精神性疲勞。

總之就是要有「真正的休息」。很多人打算休息，卻沒有得到真正的休息。

很多人只進行物理性的休息，心中仍然懷抱著煩惱，並一直掛念著工作上事情。這樣的休息並沒有讓心靈休息，不能說是真正的休息。

為了得到真正的休息，你所需要的，就是前述兩種休息的後者，去培養、擁有能讓你休息的「愛好」。

不必把愛好當作什麼了不起的事。
愛好就是喜歡的事；
做喜歡的事情可以讓人心情變好。

為了讓自己忘掉不愉快的事情，讓心情舒暢的方法，就是什麼都不要管，一頭鑽進自己的愛好中。

但是，有些人一聽到「愛好」這兩個字，就情緒低落地表示：「我是沒有愛好的人。」這種人似乎還真不少。我覺得這種人是不是把「愛好」這件事看得太嚴重了呢？

有這種感覺的人，請查查字典，先了解一下何謂「愛好」吧！

我查了查我手邊的字典，所謂的「愛好」就是：（在不考慮實用與利益的情況下）做自己喜歡的事。

也就是說，所有「喜歡」的事情，都在「愛好」的範圍內。

如此一想，再怎麼覺得自己是「沒有愛好」的人，也會想出一、兩件自己喜歡的事物吧。

想要擁有愛好，只要對自己喜歡的事情，在一開始的時候便加把勁地認真去做就行了。這是很容易的事情。

舉例來說，不管是室內還是室外的運動，認真去做就會流汗，就會讓人很快便忘記不愉快的事情。配合自己的方便，找個自己一個人也可以做的運動吧！

對於沒有時間的人來說，走路就是一個很好的運動。利用晚上的時間在住家附近走走，或者下班時提早一站下車，步行回家，都可以算是運動。你會發現，只不過是這樣快步行走，回到家裡就會有著內心鬱結獲得解放的輕鬆感。

烹飪做飯也可以消除壓力。如果自己做出好吃的菜，不僅會有成就感，也會因為美味的食物而有滿足感。此外，如果能和自己喜歡的人一起用餐，那幸福感肯定倍增吧！

此外，音樂有豐富心靈的效果，是消解壓力不可欠缺的要素。心情低落的時候，不妨在自己喜歡的音樂中找些歡快的曲子來聽；心情煩躁的時候，聽聽平靜的曲子，可以讓情緒穩定下來，這都是經過專家研究證實的有效途徑。如果是自己演奏的曲子，效果更佳。

此外，動手做陶藝、雕刻，欣賞藝術品、電影，寫書法、繪畫、做詩、插花、看小說、寫小說等等，都是可以成為個人愛好的事物。投入愛好的事物裡，就不會因為心中的雜念而煩惱了。

我們需要找到能夠轉換心情、從內心發出喜悅的愛好，過著活潑開朗的每一天。借助愛好的力量，是非常好的自我管理方式。

不管用任何形式，
都要擁有屬於自己的時間。

不管是什麼樣的原因，當你在心情陷入困頓的狀況時，我建議此時你必需要給個人只屬於自己的時間。

對你來說，屬於自己的時間是什麼呢？和朋友玩的時候？和家人相聚的時候？或者是專心於自己的愛好時？答案有很多種吧。但不管答案是什麼，在那個自己的時間裡沒有壓力，那是只為自己而存在，只用在自己身上的時間。

有了那樣的時間，就可以重新調整自己的心情，緩和自己的心理負擔。

然而，心靈疲憊的人感覺不到「自己的時間」。他們總是說「我很忙」、「我沒有那樣的空閒」、「沒有那樣的心情」，用很多理由來表示自己「沒有自己的時間」。請試著改變想法，自己的時間並不是在休假日才會有的，而是可以用任何形式擁有的。

舉例來說，上下班途中也可以取得閱讀雜誌的時間。工作與工作間有空檔時，可以去散散步。不管多忙，都要給自己設置出「點心時間」；巧妙地安排時間和「休息時就要休息」的心情，是很重要的。

另外，即使對於擁有「自己的時間」這件事不感興趣，也要勉強自己試著去創造出那樣的時間。有了「自己的時間」這個緩衝過程，可以減少的煩惱與負擔會比想像的還要多。

既然是面對相同的煩惱，何必一直煩惱個不停，何不在煩惱的過程中安排出自己的時間，時而離開煩惱時而面對煩惱，這樣還比較輕鬆。這是很容易想像的吧？

如果能這麼做，就能更早擺脫煩惱。希望大家都能理解到這一點。

一句抱怨的話也不說的人，
無法活得開心。
給自己限定一段時間轉換心情，
然後展開解決問題的行動吧。

遇到討厭的事情時，誰都難免想抱怨一下吧？然而，埋怨對方不能如自己所希望，就算抱怨也改變不了什麼，所以埋怨發牢騷根本沒有用，不能說是積極的作為。

況且，不停發牢騷的人，通常沒有能夠改變狀況的行動力，只會陷入反覆不斷發牢騷的過程中，也難以擺脫現有的處境。

但是，一句抱怨話都不說的人，也很難開心地活下去吧？雖然知道抱怨發牢騷改變不了什麼，可有時還是想發幾句牢騷，想對誰說說心中的無奈。希望自己抱怨的時候，可以聽到朋友說聲「你辛苦了」，好像那樣的一句話，就能夠舒緩自己的心一樣。

你也明白，那樣的抱怨發牢騷是自己的任性行為。不過，有一個願意聽自己發牢騷的對象，是非常重要的。

願意聽自己發牢騷的人，最好是和自己做相同的工作，可以了解彼此立場、狀況的人。

不過，最好也不是關係太近的人比較好，因為你的抱怨、牢騷之言很可能因此傳播到周圍的人耳中，造成新的麻煩來源。

還有，那個對象最好也不是喜歡批評別人，或愛說教的人；最好是一個能夠和你有同感，但言語謹慎的人。不過，絕對不要是一個愛抱怨、發牢騷的人。不開心的人聚在一起發牢騷，會讓不開心的情況越發嚴重。比起來，一個聽了你的一陣牢騷後，能夠讓你笑出來，讓你生出「那就再努力一下」力量的聰明人，應該是更好的。

最重要的，你要限制抱怨的時間。一旦抱怨完畢心情轉為舒暢時，就必須展開解決問題的行動力！

人，就是這樣：
討厭孤獨，卻喜歡獨處。

如果你是為了「感到孤獨」以外的事而煩惱、痛苦的話，那麼你還是應該擁有孤獨的時間。

人是任性的，一邊討厭孤獨，一邊又時時想要擁有獨處的孤獨。

一個人獨處的時候，在阻絕了周圍雜音的情況下，就可以面對自己，冷靜地思考問題。因此不管是肉體上還是精神上，在能擁有充足的屬於自己時間的時候，比較容易釋放平日累積的精神壓力。再說，這也是創造出新鮮想法的創意時間。所以，如果可以的話，我強烈建議一天至少要有一段獨處的時刻。

為了獨處，擁有一個屬於自己的個人空間當然很好。但是，多用點心思的話，便會發現成為獨處空間的地方其實有很多。

例如搭乘大眾運輸通勤中，或一個人空閒時能夠去的咖啡店等等，都可以拿來利用，成為獨處的空間。

重要的是，那必須是個不會有旁人來找你搭話，周圍沒有你會在意的聲音，也沒有任何因素會打擾到你沉思的地方。

找到這種地方，你就可以擁有面對自己好好思考、不必在乎熟人眼光，並且能夠放鬆自己的時間，也就是所謂「只有自己的獨處時間」。

從「假裝」感動中，
找回感動的心。

人們常說：一旦淹沒在忙碌生活中，便會讓人失去對日常生活的新鮮感，也很難感動。但我認為與其這麼說，或許還不如說是人們拒絕了感動自己的事物。

因為過著沒有感動的每一天，我們的情緒變得灰暗了。處於那種狀況的人自然很難有正面的思考，心情也就越發低落了。

更甚者，還會讓人的判斷力下降，變得不想和別人來往。這樣的情況一旦嚴重起來，就有必要懷疑是不是得了抑鬱症。

如果你最近做什麼都不感興趣，還失去了好奇心，那就請看看周圍的孩子們吧。對孩子來說，眼睛看到的東西、手觸摸到的東西，大都是未知的事物，為了以後的生存，所有的事物都是必須學習的，因此每天都過得新鮮而感動。這樣說可是一點都不為過哦。

但隨著年齡漸增，感動的感覺變得越來越淡薄了。在沾染世間塵土的過程中，這種對生活的新鮮感及感動也會逐漸離我們遠去。

當我把嘴巴靠在玻璃杯上時，一定會喊一聲「好喝」。我那樣的呼喊並非存著什麼特別的意圖，只是自然而然便這麼喊了。但我的家人對我的反應卻會露出「聽膩了」的表情，好像很反感。但我確實是不管喝什麼東西，喝第一口時，一定會說「好喝」。

我為什麼會這樣呢？或許是下意識地想藉著說出「好喝」的舉動，再一次體驗「感動」這件事。而且，這也算是一種自我暗示：就算是做著很平常的事情，也要有想從那個平常的事情裡找到新鮮感動的心。這其實是很重要的事。

如果你正過著一點感動也沒有的每一天，那麼即使只是「做個樣子」也好，試著對某件事情感動一下吧。人類本來就是有情緒的生物，會對事物產生感動的心情。就算是「假裝的感動」，在繼續「假裝」的過程中，一開始或許只是單純暗示自己要感動，但不久之後卻會真的感動，心也會跟著回到鮮活的狀態。

人應該活得開心，盡量驅散憂鬱的情緒，以積極的態度過每一天。為了達到這個目的，絕不能缺少的，就是要能夠為生活感動。至於能不能做到，就完全看你自己的選擇了。

不是因為開心而笑，
是因為笑，所以開心。

心情愉快的時候，臉的表情是開朗的。所以我們常說可以從一個人的臉部表情，看到一個人的內心。

因此，情緒低落的時候，不妨試著反其道而行吧！也就是說，先勉強自己的臉上先掛滿笑容，再看看心中的情緒是不是就會變得開朗起來呢？

美國有個心理學家說：「不是因為開心而笑，是因為笑，所以開心；不是因為悲傷而哭，是因為哭，所以悲傷。」

確實如此。我們在展露笑容的過程中，腹部會發出來自心底的笑聲。反過來說，勉強自己掉眼淚的時候，悲傷的情緒也會爬上心頭。這應該如同「始於形式」這句話說的，意思就是「用表情來控制情緒」。

所以我常對人說：「給我看看你的職業性笑容。」舉例來說，日本專門講笑話的落語家[2]，他們的笑容就是職業性笑容。而且就算是

2. 類似單人相聲或現代脫口秀的表演者。

在失去至親的服喪期間，又要面對高朋滿座的觀眾時，他們也一定是滿面的笑容。

還有，某位女性造型師說：為了自我控制，使用鏡子來進行自我管理，這也是很好的方法。和家人一起生活的人，因為會意識到周圍的人眼光，會注意到自己的臉部表情，但獨居的人不知不覺就會越來越不在意周遭的眼光，此時就可以利用鏡子的視線，來控制自己了。

然而，現在的人也很容易對別人裝作不認識。例如明明是在同一棟樓上班，雖然不是同一家公司，但是在電梯裡遇到卻互不打招呼。

其實在這種時候，如果是其他公司的人主動笑著對你說「你好」，你一定會感到開心吧？沒有人會討厭笑著和自己打招呼的人。這是笑容的另一個功用。所謂的「give and take」，就是為了得到對方的善意時，必須自己先釋出善意的意思。一旦有了善意的笑容，正向互動的時刻就會啟動。

既然是沒有人的地方，
就沒有什麼好顧慮的了。
痛快地發洩心中積壓的情緒吧！

日本人一般都把喜怒哀樂不形於色視為美德，認為露骨地表現出那些情緒的人是看不清周圍的狀況，很容易被貼上不懂察言觀色、不知道控制自己情緒的標籤。

但是，控制情緒、不讓情緒表露於外，就算因此得到周圍人的讚美，但控制情緒的本人卻未必會因此感到幸福吧？尤其是對於「怒」與「哀」的控制，很容易因為積壓在內心的情緒得不到抒解，而讓心理受到傷害。

率直的言行可能會傷害到別人，而且也給自己帶來不好的評價，但控制情緒則會給自己帶來壓力。要解決這個問題的方法其實很簡單。那就是盡快找一個機會，獨自一個人把累積在心中的壓力解放掉，這樣就可以了。

你可以找個周圍沒有人的地方，毫無顧忌地大叫，大聲地說出想說的話，痛快地吼一吼。雖然不保證那樣就能讓你的心情百分之百放晴，但是多多少少能夠起到一些放晴的效果；至少能讓你有效控制自己跟對方發脾氣的能力。

當然，你也可以在卡拉ＯＫ尖叫。打開房間裡的音響，隨著轟隆隆的音樂大聲唱歌，盡情跳舞。另外，把情緒融入運動比賽的轉播節目中，看著比賽，隨著比賽的戰況吶喊，也是釋放累積在內心壓力的好方法。總之，大聲呼叫對於發散內心壓力，確實可以達到讓心情放晴的效果。你需要意識到這一點，並且讓它也成為日常生活的「活動」。

要散發「哀傷」的情緒時，「哭泣」也有和「吶喊」一樣的效果。有一種學說甚至闡明：因為眼淚中含有一種一感覺到壓力，就會在體內生成的物質，所以我們流眼淚時，身體裡的壓力就減輕了，心情於是變得舒暢。

因此「想哭」的時候，不要忍住眼淚，盡情嚎哭到淚乾為止吧。

此外，你也可以借助小說或電影的力量，讓自己哭到「沒有眼淚」，也是很好的做法。

只要能夠抒解心中的鬱悶，就算翌日被人看到眼睛紅腫，也沒有什麼關係，因為流眼淚而紅腫的眼睛，隔一下子就會復原了，但要讓心中的悲傷散去，可不是那麼容易的事。

情緒完全阻塞不通前，
要先準備好一定可以讓自己
露出笑容的素材。

能夠讓心的狀態放鬆的因素，就是發自內心的笑。

人在情緒低落時，很難有想笑的心情。那種時候即使聽到什麼有趣的笑話也不覺得好笑，就算看到平常喜歡的綜藝節目也笑不出來。

但是，如果能在心情完全鬱悶之前，準備好對策，不就好了嗎？例如找機會和朋友聚會，熱熱鬧鬧地喝酒、開玩笑，痛快地大笑一番。

有時借助朋友與酒精的力量，並不是壞事。

還有，例如「想笑的時候就去看喜劇電影」、「想笑的時候就看漫畫」、「想笑的時候去看戲」等等。在日常生活中擁有「以笑為目標的行動」也是很重要的。

為了能在覺得「啊，好煩呀」的情緒低落時，拯救自己沉淪下去，就要事先準備好可以讓自己笑的因素，這才是好的對策。

從醫學的觀點來看，「笑」原本就是非常有效的讓心理健康的方法。據說「笑」能強化副交感神經的作用，放鬆我們的身心。

只要笑了，就覺得鬱悶的心情好像瞬間變得開朗了；任誰應該都有過這樣痛快的經驗——「笑」能讓我們從所有的緊張感中獲得解放。

「笑」能讓人變得健康，而且變得積極向上。所以我們常說「笑門福來」。希望大家能在日常生活中常常大笑，靠著「笑」來抒解生活中的種種壓力。

試著利用文字，
盡情地把情緒記錄下來吧。
藉著這個過程平靜自己，
並且讓自己有冷靜看待對方的餘裕，
生出改變事情的狀態與
彼此的關係的智慧。

對易怒的人說「不要生氣」很容易，但說起來容易，做起來困難。畢竟「忍耐」之事，在精神上是不容易的。

像我這種人，外表看起來好像很悠閒，其實性情相當急躁，經常急急忙忙，甚至會在旅行時對妻子的言行發怒。然而，如果直接對妻子發洩怒氣的話，又怕會破壞了難得的旅行，於是只好「忍一忍」想發怒的情緒。

但假如一味「忍耐」，會讓我的情緒很不好；要平衡「想發怒」與「忍一忍」這兩件事，是很困難的。這種時候，我會把想發洩出來的心情寫在筆記本上，藉此讓自己的怒氣平靜下來。

原本我就是一個愛記筆記的人，有著一遇到什麼，就用筆記錄下來的習慣。讓我來告訴你我的具體做法。

首先，我會先寫下妻子對我的抱怨和牢騷，然後寫下自己對妻子的抱怨與牢騷的意見與想法。這個時候，想反擊妻子的罵人言詞便一一地從心裡冒出頭；那些罵人的話，我也會一一寫進筆記本裡。結果，就在這麼寫完一遍後，我的怒氣很不可思議地平靜了。

利用這個方式，在生氣的時候給對方寫信，也是不錯的選擇。把情緒原封不動地寫在信紙上。重點是盡情地使用激動的言詞，例如「已經說過多少次相同的話了還不懂！笨蛋呀！」即使對方是長輩也無所謂。

不過，這樣的信是絕對不可以寄出去，只能把它放進信封收起來，暫時放著，然後在恰當的時機拿出來重新閱讀。那時便會慶幸自己「啊！幸好沒有把信寄出去」。

人在隔了一段時間後重新看待事物，就能更冷靜地對事物做判斷。重新看自己之前寫的信時，也更能夠分析出自己當時憤怒的原因。我也時常在重新看自己寫下的筆記時，明白了妻子對我的抱怨與牢騷，其實是在為我著想，我為此常常自我反省。

尤其要注意的是，不要勉強控制自己的情緒，而是讓情緒發洩出來，隔一段時間後再冷靜面對。反覆這樣做的過程中，有時即使生氣了，似乎也會變得能夠在某個點上保持冷靜。

不管情緒有多激動，書寫的行為一定能在某種程度讓人變得冷靜，變得客觀。即使是一邊生氣一邊寫，拿起筆的那一瞬間就已經越過了憤怒的顛峰。

再說，爆發在筆記本中的情緒，不會對任何人造成困擾，而且還能讓自己鎮定，蘊釀出可以冷靜看待對手的餘裕，甚至能夠進一步生出足以改變事態與關係的智慧。

在日本，壓抑感情被視為美德。但是，忍耐、壓抑的情緒會累積在內心深處，成為壓力。「書寫」的行為有助於消解壓力，對清除煩惱也有功效，請一定要試試看。

chapter 7

讓心放晴的暖心小語

完成事情沒有什麼了不起的，
可貴的是積極行動的態度。

受了傷，沉浸在悲傷中的人，也會有積極向上的心情。

但是，不要期待因為積極向上就能得到完美的結果。這個世界上沒有完美的人，當一個人期待完美時，就會讓自己變得不合理。如此一來，只會增加心裡的負擔。

我偶爾會說到要如何經營舒適的社會生活，以及相關的基本條件。關於這部分，我是個凡事要求「百分之八十主義者」。

很多人希望朋友是「完美」的人，經常會因為朋友一點點稍微過度的言行，就感到不愉快。也有人因為要求工作完美，便會因為一點點的小失誤就覺得自己沒有用。

處於低潮或情緒低落時也一樣。一心想要百分之百恢復原本的狀態，只會讓自己更加焦慮。

其實，不完美也很好呀。覺得只拿八十分也很好的人，所擁有的人生不是更舒適嗎？總之，就算有些微的缺點與失敗，眨眨眼也就過去了。

再說，如果是自己的失誤而造成的失敗，那就以「失敗為成功之母」，努力挽回局面就是了。人啊，就算沒有別人的耳提面命，時候到了，很多道理自然就會知道了。

不過說真的，我最近甚至覺得不需要百分之八十的完美，好像百分之六十也就足夠了。可能是上了年紀的關係，覺得似乎沒有這麼強烈的念頭想要做什麼事都必須完成。

年輕人可能會因為想做什麼而做不到，因為失敗而感到絕望吧？但是，失敗也是人生的過程之一。達到目標、完成事情，其實沒有什麼了不起的，可貴的是積極行動的態度。

如果你想要驅散心裡的種種陰霾，不妨做一個凡事只求八十分的「百分之八十主義者」。

不妨想著「又多了一個經驗值，
我的人生會因此而更順遂」。

人是藉由學習得到成長。但是說到何謂學習，那就要依失敗的經驗來說了。

或許你要回顧一下自己孩提的時候，就可以了解這個說法：小的時候誰也不懂算數的計算，但是誰都是在反覆的算錯下，才終於明白計算的公式，學會了算數。

從學校畢業後，好像就什麼都不需要學習了，但這是錯誤的想法。進入公司工作後，一定要學習與工作有關的所有事務。所謂的專業，是靠著屢屢撞牆而累積起來的經驗。

人與人的互動，根本不可能每一次說的話都相同；不論是和親近的朋友的交談，還是與初認識的人的交談，所使用的交談話語嚴格說起來都是第一次。如此一想，那麼人與人之間在交流時產生誤會與麻煩，就不足為奇了。

而且，人們藉由反覆的交際往來，可以累積失敗與成功的交流經驗，也能從這些經驗上知道什麼是更好的行動。單從這一點來說，經歷各種不同的經驗，是非常重要的事。

這個世界上也從不存在沒有經歷過失敗的成功者。甚至可以說：這些成功者正是因為經歷過無數次的失敗，所以得到成功。

對任何人來說，經歷失敗的記憶，都是強烈的。尤其是隨著年齡的增長，更是難以忘記失敗的經歷。不過，我們不必為失敗的經歷感嘆與悲傷，因為失敗是讓人走上成功舞台的階梯。能夠如此想的話，就會明白為了失誤、過錯而過度煩惱，是多麼浪費力氣的事了。人當然需要反省自己的失誤，但不意味著必須讓自己因而陷入沒有必要的消沉中。

所以，失敗不是要讓人痛苦的事，你要想「又多了一個經驗值，我的人生會因此而更順遂」。或許你不能馬上就接受這樣的想法，但是，可以靠著愛好與運動，在情緒低落時盡快讓自己的情緒歸位，並且慢慢把心情導向積極地向前看。

心裡想著「一定會變好」，
並且把它說出來，
你並不會因此而被嘲笑，
也能讓事態好轉。

「即使是癌症患者，也可以藉由禱告獲得治癒。」

常有人以為這句話是出自什麼宗教團體的宣傳話語，但事實並非如此。說出這句話的人，是法國曾經獲得諾貝爾醫學獎的醫生亞歷克西・卡勒雷。

當然，如果靠禱告就能治癒的話，那我們就可以不需要藥物與醫生了。然而，確實有些人因此治癒了，而且，那並不是有什麼特殊體質的人。

關於這一點，對於同樣是醫生的我來說，認為可以解釋成「一個積極向前的人，擁有更強大、足以對抗疾病的能力」。甚至無須特別說明「病由心起」這句話，我們便都能明白：積極向上的態度是快樂、安穩生活的基本要素，所以把「一定能治癒」、「一定會變好」掛在嘴邊所產生的能量，也是不容小覷的。

尤其當我們因為壓力與煩惱而沮喪時，這個方法特別有效。心靈容易受傷的人一旦遇到不愉快的事情，經常會被負面的想像牽著走，老是想著不愉快的事，一點點小細節也在意得不得了，於是感到氣餒，做什麼事情都提不起勁。

其實，日常生活大部分的狀況，都可以依自己的心情來改變結果的好壞。

舉例來說，不管是因為工作上的失敗還是人際關係上的阻礙，如果存著「最後要順利」的念頭，那麼，負面的因素也會被轉為邁向正面的一步。

當我們不停止積極向上的想像與希望，就是在進行簡單的自我暗示，也會產生一種擺脫負面狀況的能量。

所以想讓心情輕鬆、充滿幹勁時，試著對自己說正面且積極的言語，因為像這樣因而讓自己狀況好轉的例子還真不少。

雖然沒能實現夢想，
但要能創造朝著夢想前進的
每一天重要的回憶，
所以夢想絕對不只是虛無的。

抱著夢想與希望積極向上生活的人是強者。而且在周圍的人眼中，那樣的人是非常有魅力的。

此外，似乎也有人經常夢想破滅。有夢想、描繪夢想是好事，但無法實現夢想後，就會漸漸心生不滿。

不滿累積多了，就會不清楚自己到底為何要有夢想，甚至有了「一開始若沒有夢想就好了」的想法。

其實，難得的夢想、希望，最終變成不滿的情緒，是有其原因的。那原因不就是實現夢想的過程中出了問題嗎？

舉例來說：有人描繪了「想去義大利」的夢想。重點就從這裡開始。在前往義大利的機會降臨之前，是不可以漫不經心、什麼也不做地只是等待機會來臨。只是等待而什麼也不做，是不可能實現夢想的。那樣的話，實現的不是夢想，而是去不了義大利所產生的壓力，以及壓力所帶來的身心不適。

所以該怎麼辦呢？那就是要立刻認真地先設定「小目標」，然後開始進行跟夢想相關的一切事物的行動。

以這個例子來說，為了享受旅行的樂趣，你就必須學習當地的語言、事先了解各景點，並設置一個旅行存摺，每個月存一點旅行專用金。還有，為了有一個完整的假期，在旅行前做各種基礎的準備工作，也是很重要的。

透過這樣實際的行動，你不只可以了解自己的進度，並且在看到旅遊金的儲存數字增長時，也會感覺到自己正一步步地接近夢想。

有了實際行動的感覺後，自然也會產生滿足感，並在滿足感的激勵下生出正面情緒，讓夢想更為壯大。

不得不說，人生中難免會發生意想不到的事，所以也會有夢想不能實現而終止的情況，但即使如此，像這樣能確實感受到為了實現夢想而邁開步伐的人，就能把朝向夢想前進的每一天，當作重要的回憶。

抱持著「夢想絕對不是虛無」的想法，是邁向下一個夢想的第一步。懷抱夢想吧！並且為了實現夢想，一小步一小步地向前行。

試著不要想「已經受不了了」，
而是想「已經沒有問題了」，
並且把這想法說出來，然後向前邁進。

有些人一聽到「要正面思考」，就會提出這種反駁的言論：

「說起來容易！但真的陷入困窘的狀況時，根本很難用正面去思考，那種時候只會有不好的預測。誰不想不帶煩惱地積極向前？一味叫人要正面思考，這種話聽都聽膩了。」

確實，所謂的正面思考，就是全部按照自己的情況去考慮事情，而方法之一是避開痛苦，另一個則是接受痛苦。

然而，真正的正面思考經常也伴隨著痛苦與煩惱。重點是要一邊預測困難的情況，一邊又要描繪出好的結果。

「那一點點的困難是可以預測出來的，到時候克服困難就是了。困難一旦克服之後，一定會有明朗的未來。」你可以這麼想，然後思考接下來的行動，這就是正面而積極的思考。

不過，這當然不是隨便就可以做到的事，但也絕對不是什麼太困難的事。到底應該怎麼做雖然很難有具體的敘述，但不妨以現在進行的方式來思考，想著「不會比現在的情況更糟糕了。已經沒有問題了。以後只會繼續變好」是最恰當的。

在不管怎麼想都會讓自己很快陷入負面思考的時候，就算勉強自己也好，都要用幸運的想法來趕走不幸的念頭。

比如你想到「被調職」的不幸，其實可以把它想成是幸運的，因為「是個可以挑戰新工作的好機會」；而「工作上的失誤」是「為了接近目標的經驗」；「養病」是「必要的休息」。能夠這樣改變想法的話，就能夠讓心情向前邁進了。

還有，在面對困難時，就不能從「已經……」去思考，而是從「還……」去思考：

不是「已經不行了」，而是「還好」。不是「已經完蛋了」，而是「還沒有開始」。不是「已經沒有力氣了」，而是「還有精神」。

不要嘲笑這只是在玩文字遊戲，因為只要抱持著這樣的想法，心情應該就會有很大的變化。

停止沒有必要的苦惱吧！

痛苦的經驗早晚會發揮正面的作用。

何不相信自己「已經沒有問題了」，好好地向前踏出一步呢？

對自己說「我一定會幸福」。
相信自己，
此事與積極的人生息息相關。

我天生就是樂觀的人，就算情緒低落到谷底，也經常有「不管是誰，都會擁有變得幸福的命運」這種想法。

我認為這個世界上沒有誰該想自己「根本不該出生比較好」，而應該想「幸好自己活在這個世界上」。

也就是說，既然覺得自己幸好活在人世，就要相信自己的存在是能夠獲得幸福的。所以隨便就對自己失去信心、瞧不起自己的心態，不是很奇怪嗎？

你應該試著小聲地對自己說「我一定會幸福」，這樣會讓自己變得比較有精神，而且就像是可以讓自己打起精神的符咒般，這樣的暗示對我來說也是相當有效的。

當你一旦對自己產生肯定感，對身體也會很好。

所以我認為，在迷惘不知所措時，為了讓自己變得幸福，不管做了什麼選擇都沒有關係，因為即使是小失誤，一定也不是什麼壞事。

我甚至常會想，雖然發生了很多事，但一定會有好的結果。一開始這麼想，就感覺到心情開朗了起來。

而事實上，如果真的能如此重新展開某種行動的話，確實會讓狀況好轉。除此之外還更能看清楚自己，找回迷失的自己。

因為世事如此複雜，所以人經常會迷失自己。或許這樣很無奈，但更相信自己一點，按照自己希望地活著，不是更好嗎？

「我一定會幸福。」你必須這樣告訴自己。

你更要相信自己！因為此事與積極的人生息息相關。

只有你才能決定自己的幸與不幸，
別人是決定不了的。
所以，決定讓自己變幸福吧！

人類到底是平等的？還是不平等的呢？這個問題端看你以什麼為標準去思考，將會得到不同的答案。

例如公司的薪資是否公平、平等一事。你可能會因為自己和某個人的薪資有差距，便認為那樣是不平等的。可是既然是人做的工作，每個人的工作方法與使用的時間當然是不一樣，所以也就不存在完全相同的工作結果。那麼，到底是按照時間給予工資呢？還是要按照能力給予工資？而何謂能力呢？只要深究這些問題，就會明白不可能真正公平、平等地給予薪水。因為評價一個人的工作、給予工作者薪水的人，也是人。

但凡是人，就算想客觀地進行評價，也都有主觀的意識。還有，以人的肉體條件來說，原本就不存在平等這件事；每個人的臉也都長得不一樣。所以結論是，沒有人知道什麼是真正的平等。

不過，至少有兩件事可以說是絕對平等的。

其中一個就是：不管是誰，總有一天會死。

另外一點是：自己的幸與不幸，除了靠自己感覺外，誰也不能替你做決定。這一點也是大家平等的。

如果你覺得自己是世界上最幸福的人，儘管周圍的人不以為然，紛紛表示「不，你不是」，也不會影響到你的感覺，因為誰也打擾不了你的幸福感。

相反地，就算你儀表堂堂、容貌出眾，有錢又有能力，在周圍的人眼中你得天獨厚、再幸運不過了，但是你卻發自內心地認為自己不幸，那你就是真的不幸了。

幸與不幸沒有客觀的標準，只有自己能決定自己的幸與不幸。

所以，我要說：
「我一定會幸福。」

國家圖書館出版品預行編目 (CIP) 資料

人生不是一夜干：獲得幸福與成就、解決困境與煩惱，都不是一蹴可幾的事，需要累積微小改變、耐心等候。/ 齋藤茂太 著 ; 郭清華 譯 . -- 初版 . -- 臺北市 : 遠流出版事業股份有限公司 , 2021.12　面 ; 公分
譯自 : 精神科医・モタ先生の心が晴れる言葉
ISBN 978-957-32-9361-3(平裝)
1. 格言 2. 修身

192.8　　110018253

人生不是一夜干

獲得幸福與成就、解決困境與煩惱，都不是一蹴可幾的事，需要累積微小改變、耐心等候。

作　　者 | 齋藤茂太
譯　　者 | 郭清華
副總編輯 | 簡伊玲
校　　對 | 金文蕙
特約行銷 | 張元慧
美術設計 | 王瓊瑤

發 行 人 | 王榮文
出版發行 | 遠流出版事業股份有限公司
地　　址 | 104005 台北市中山北路 1 段 11 號 13 樓
客服電話 | 02-2571-0297
傳　　真 | 02-2571-0197
郵　　撥 | 0189456-1
著作權顧問 | 蕭雄淋律師
ISBN 978-957-32-9361-3
2021 年 12 月 1 日初版一刷

定　　價 | 新台幣 340 元（如有缺頁或破損，請寄回更換）

遠流博識網
http://www.ylib.com
Email: ylib@ylib.com